LOCUS

LOCUS

LOCUS

LOCUS

mark

這個系列標記的是一些人、一些事件與活動。

mark 192

與媽祖同行：藝術家朱朱的信仰生活實踐記

作者：黃朱平（朱朱）

責任編輯：李清瑞

封面設計：許慈力

內頁排版：宸遠彩藝

出版者：大塊文化出版股份有限公司

105022 台北市松山區南京東路四段 25 號 11 樓

www.locuspublishing.com

locus@locuspublishing.com

讀者服務專線：0800-006-689

電話：02-87123898　傳真：02-87123897

郵政劃撥帳號：18955675

戶名：大塊文化出版股份有限公司

法律顧問：董安丹律師、顧慕堯律師

總 經 銷：大和書報圖書股份有限公司

新北市新莊區五工五路 2 號

電 話：02-89902588　傳真：02-22901658

初版一刷：2024 年 4 月

初版二刷：2024 年 4 月

定價： 380 元

ISBN：978-626-7388-55-6

與媽祖同行 : 藝術家朱朱的信仰生活實踐記 / 黃朱平 (朱朱) 著 .

-- 初版 . -- 臺北市 : 大塊文化出版股份有限公司 , 2024.04

272 面 ; 14.8×21 公分 . -- (Mark ; 192)

ISBN 978-626-7388-55-6(平裝)

1. 媽祖　2. 民間信仰

272.71　　113001405

與媽祖同行

WALK WITH MAZU

藝術家朱朱的信仰生活實踐記

黃朱平（朱朱）
著

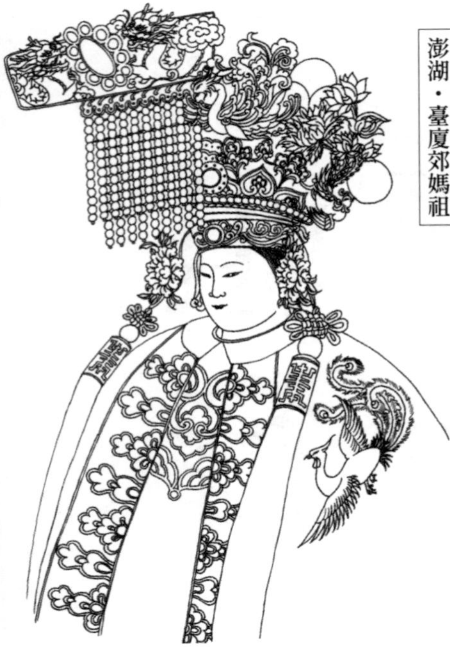

澎湖・臺廈郊媽祖

彰化・鹿港媽祖

新北・金包里・六媽

臺中・大甲媽祖

馬祖・金板境・少女媽祖

雲林・北港・糖郊媽祖

臺東・後山媽祖

浯島天后宮聖母
歲次辛丑年夏至
弟子常涵恭繪

金門・浯島天后宮三媽

我們是大海的孩子，順著洋流乘風破浪，
到流著奶與蜜的地方，不要忘記先民們的篳路藍縷。
我向祢祈求，隨禱即應，聖母媽祖！
願美麗的島嶼能擺脫環境的災害、人為的紛擾。
祈求祢不吝憐憫，當祢無私的光芒如日中天普照著自然與純樸的島嶼。
讓我們的心充滿祢的光、熱及湛藍的滔聲。
所有的考驗都要來證明我們的善與真，以及不論我們身在何方的彼此關心。
最真誠的祝福給予我的家鄉、朋友。
祈求祢守護我的至誠！

遶境、進香、環島苦行、跨越國境朝聖、四國遍路、各地駐村創作、舉辦許多活動展演……朱朱與媽祖同行的旅程不僅僅是宗教上的追求，一步一腳印的踏查如田野調查般細膩詳實，信仰已內化為一種真切的生活方式，過程中的種種反思感悟，強化了仰望，更淬鍊了內在，謙卑虔誠且純粹動人。

讀完書，讓人也好想立刻出發去找媽祖啊！

——**Josie**《走向內在》作者

朝聖是向著心中靈性之所向的聖地前行，或是蒐集沿線以媽祖之名的廟宇，出發以後，沿途可能會經歷各種大大小小的挑戰以及各種無法言喻的機遇，要能完成旅途，需要仰賴無數陌生人的善意。跟著媽祖遶境，是從聖地出發，巡行黎民百姓的生活空間，因著神威庇蔭，最能密集體驗善念善行的聚集，感受慈悲的願力，因而心中滿溢歡喜。本書樸實地記錄下朱朱多年來，從事這兩種方向的旅行腳跡，為各種不同的環島或長途健行，多一種想像與觀點。

——**徐銘謙** 台灣千里步道協會副執行長

朱朱與媽祖同行的故事一直是長距離徒步領域中特別的存在，透過朱朱對臺灣各地媽祖的描繪，不只可以感受到宗教帶來的力量，也能透過朱朱過往的旅程中去了解，臺灣各地對於媽祖信仰虔誠的故事，也因為認識朱朱的媽祖創作，現在工作室牆上都是滿滿的《臺灣媽祖曆》，感覺自己一直都被媽祖保護著！

——**單彥博** 雞籠卡米諾創辦人

指揮手部運動是大腦的工作，朱朱手下的筆是連結心靈的。

繪圖經過扎實的練習，除了腦中的璧畫，還有手部的反射與身體記憶，每一筆畫都是累積的美感與經驗。說朱朱筆下的媽祖是連結心靈的產物，因為靜心細看，每一幀作品都像是一種指引，呼喚迷途的人們回到該要走的道路上，並滿溢著祝福。

——**楊雅萍** 見書店主理人

行遍千萬里路，回頭歷歷在目。因為經歷過萬般艱辛，感知生命的可貴，故把所感化作文字圖像，作為媒介，共享福報。這本書，記錄了朱朱這一路來的不容易與正向面對人生的態度，無可取代的生命故事。

——**鄭宇展** Chan Chan's Travel Story 主理人

推薦序

出發了，就在路上了

殷寶寧／國立臺灣藝術大學藝術管理與文化政策研究所教授兼所長

這是一篇推薦序，感謝有機緣可以搶先拜讀。初次讀完，滿滿感動，情緒還停在字裡行間，很多感受想說，卻顯然迷失在如此豐富的生命行跡中。

速度，是當前世代面臨的絕大挑戰之一。我們習於各種「無時差」、各種「即時」、「線上」，甚至要求「超前部署」。人們習慣且預設的互動與運轉速度，包含眼球與手指所及之處，片刻不得留白。但這回，擺脫「即時」與「速度」的綑綁，藉由閱讀，跟著朱朱一起以文字飛閱超過十五年的青春累積點滴。不同於紙上神遊，或指尖時空穿梭，在朱朱的文字描繪所及，行走之間，旅程步步推進，是人生探索，更照見生命跌宕起伏，如逕流一般，悄然卻能量滿盈。看似一直在變動與行進，卻有著更為堅毅而厚實的寧靜無畏。書中好多感人的句子，引領讀者走上人生的平安路：「在最餓、最累時，來自生命的溫度更加深刻，鏗鏘鮮明。我的啟蒙也許來自看待生命的姿態，出走的那一刻是由媽祖帶著我旅行開始。」

宗教裡的「朝聖」之旅，本質上即是以身體踐履，身體的苦行，加諸於心理的修煉，透過這個具有信仰意涵的步行，看似要確認與呼求自身的信仰，其實乃是尋求內心的安放自在。在這本書中，從二〇〇八年跟著媽祖進香隊伍開始，走路，是朱朱思索與尋求體悟的過程。走路即是悟道。這看似簡單的等號，在這個轉速就是目標與價值的世界裡，能夠像朱朱一樣，放慢腳步、慢慢走、仔細看、好好與人互動、問好、與人說話、分享食物、洄游與安居，去感受及體會周遭環境、節氣與季節，是幸福，也是祝福。如同四國遍路、或是嘉明湖與不丹之旅，在這個看似追隨媽祖引導的人生軌跡中，透過她的體驗，我們得以重新想像一個具有時間軸線，有歷史容顏，且更為豐饒的生存世界。

走路行旅，在空間中持續移動，大甲媽祖遶境進香，白沙屯媽祖北港進香，這是臺灣社會相當耳熟能詳的信仰活動。然而，跟著朱朱的腳步，全臺灣各地與媽祖信仰有關的多元活動，從各地的藝術村進駐、調查研究計畫，到各地的展覽活動，從金瓜石、鹿港、澎湖、金山、野柳、嘉義、馬祖，我們看到了線性時間軸之外的空間圖像：

這些原本設定為藝術進駐的短期停留，仔細留意，朱朱的各處停留，不是過客，而是隨遇而安地融入與安居。從她的點滴描述裡，以跟隨媽祖信仰為引，其實是年輕世代對自身文化與歷史的內在挖掘，並從中找到自身的文化認同。

像是描述在鹿港，家家戶戶如何準備正月初九「天公生」傳統儀式的諸多細節。朱朱與朋友們決定共襄盛舉，體現出年輕世代傳承地方記憶的過程：「這些供品大部分是向老店、手工製作或自種為主的在地店家購買，運用當地物產，從產地到供桌，格外有意義。」這個重要的祭拜儀式，最後以鹿港的俗諺作結：「三不見：不見天、不見地、不見女人。」樓宇連棟遮住上方天空，富裕城鎮道路鋪面不見泥土，「不見天、不見地」，是描述鹿港街市喧囂繁華；「不見女人」則是透露了女性大門不出、二門不邁的社會景觀，而總是在路上的朱朱，挖掘文化內容，向民俗學習之際，同時也突破了傳統的框架與限制。

朱朱看似在行旅中為自己的人生疑惑找答案。但文字寫來，更像是提問與學習：書中出現很多關於人生生來即是學習的描述，學習接受分別與無常，學習放下，學習一期一會，學會感受。喜歡這本書規畫的起承轉合四個段落。從一開始的啟程追尋，闡述自身的創作動能，在各地進駐停留安居所看到的世界，一直到與慈藝媽祖的遠遊。

從出發、在路途中、歸返、重新再看待自身的生命旅程。邀請讀者，在時而靜默行進，繼而沉潛反思，有著生動人間記事，又能對話出生命共相的一段段精彩旅行中，在朱朱圖文描繪的境地，把心放下，找到自身安身絮語所在。為自己設定人生目標或許有點難，起身實踐更是挑戰，朱朱旅途敘事教我們最重要的即是，出發，就在路上了。

目錄

010 推薦序 出發了，就在路上了 殷寶寧
016 自序

PART 1 追尋

024 「不然，我跟祢去進香好了。」——一切是這麼開始的
031 「記得剛認識的時候，妳二十五歲。」——大甲媽祖遶境進香
042 「這是婆仔要賜給妳吃的啦！」——白沙屯媽祖北港進香
055 「踏出第一步就成功了一半。」——徒步環臺媽祖廟巡禮
079 「媽祖娘娘您請坐！」——與媽祖的緣分與夢境

PART 2 創作

086 「筆是很有力量的。」——手繪媽祖，出版《作度人舟》作品集
097 「就像媽祖來到我家一樣！」——關於《臺灣媽祖曆》計畫

PART 3 駐地

112 「只有阿嬤可以請我喝三合一咖啡。」——新北瑞芳黃金博物館駐村

遠 PART 4 遊

124 「我看背影就知道是妳！」——金包里二媽野柳作客
132 「第一次聽到用白話文臺語念疏文。」——鹿港駐村與今暗欲來拜天公
146 「神明也需要火光的溫度。」——參與馬祖元宵擺暝祭典與回外婆家市集
163 「感覺被媽祖環抱了，很感動……」——澎湖縣紅羅村駐點
184 「妳要來嘉義，真的嗎？」——嘉義駐點，追憶玉山旅社
210 「該怎麼稱呼您？」——我供奉了一尊「慈藝」媽祖
218 「有心、發願而實際行動。」——恭請慈藝媽祖登嘉明湖
227 「媽祖怎麼搭飛機呀？」——慈藝媽祖拜訪不丹
234 「我們是同道中人！」——同行五人，慈藝媽祖四國遍路記
247 後記
253 臺灣媽祖祭典
265 朱朱追尋媽祖的行旅紀錄
272 延伸連結

自序

這本書裡的故事，跨越了十五個年頭。

「你有沒有在聽我講話呀？」

人會想離群索居是可能的，平常可以假裝很高冷，然而，身為人，說不在乎他人的傾聽，是騙人的！或許能聽見我內心聲音的不一定是人，還有「媽祖」！沒想到媽祖也聽見了我的傾訴……

人生路途中，有許許多多挑戰，他人看來稀鬆平常的事，在自己心裡也許承載著千斤重，我稱為是人生的「功課」。

大學時代，我曾為了繼續升學或是就業而煩惱，前途的未知，有太多不確定因素而難以抉擇。某日課後，信步走進新莊老街的媽祖廟，寧靜的氛圍讓人卸下習以為常的武裝。縱使神龕離我有一大段距離，拜墊長跪喃喃地跟媽祖說話：「希望您為我撥雲指路，引領人生的方向。」

語畢，一陣溫暖的氣息，由神龕處漸漸靠近，將我環抱，霎時間彷彿褪去無明的晦暗，打開心靈的鑰匙。

從此，我便踏上跟隨媽祖足跡這條路。

從二〇〇八年至寫下這篇文字的現在（二〇二三年），每年一定排出時間跟隨媽祖走走路。走出「舒適圈」，才發現天寬地闊。媽祖的精神感召，沿路不分你我，朝著同一個方向前進，涓滴奉獻的心意所積累出的人情味，無分地域、種族、年齡，許多隨香客平時各行各業努力，一期一會不約而同相逢在路上，分享一年來的心得，彼此照應而行。

開始參與進香之後，曾經夢到媽祖幾次，而後靈機一動開始繪製媽祖畫像。夢中的祂是一位巨大而閃耀的金人，高聳入雲，我沒有看清祂的樣子，只留下空谷回音般的隻字片語。我想這正是帶領我，繪出祂百變法相的契機。

我是個喜歡獨處的人，在獨處之餘，避免閉門造車的管見，因而旅行。

走路環島，不單單只是繞著島嶼走一圈，對我而言，像是旅行的序曲、開拓眼界的起點，在旅途中遇見各地不同的人們，默默為理想努力，正如點點星光並不寂寞。

徒步旅行時為了趕路，氣喘吁吁中，常累得無法看清腳下。懷抱著對土地的好奇心，開始用更長時間進入村莊駐點，緩慢地澆灌，讓人與人之間的故事飽滿生命的每篇章節。

很多人問我：「怎麼讓心飽滿、不忘初衷？」當人生面對難關無處可解時，宗教對我來說，不單只是有著敬拜的對象，而是藉由儀式的過程，觀照內心而自省，時時提升，這是人生的功課。若不瞭解自我身心的變化，更遑論周身及展望世界。

請著媽祖神尊，申請藝術駐村是什麼感覺？好像很另類，如果不看成宗教行為，也許稱得上「行為藝術」吧！

我就這樣請著媽祖，搭飛機、高鐵、臺鐵、船運，去過臺、澎、金、馬各地。出門在外有沒有不方便的地方？我想著媽祖出門也要維持一定的莊嚴，即使以有限的一人之力，也不讓祂單獨在座位上，出發前要做好抵達目的地才能鬆懈的準備，比如上洗手間。

抱持著對未知事物的新鮮感及好奇心，以及彷彿與生俱來的適應能力——「妳好像很容易可以融入大家。」曾經有朋友這樣評論到——就這樣一次次出門遠行，曾經揹著媽祖登上「天使的眼淚」嘉明湖、百岳中的向陽山、三叉山，最遠飛抵喜馬拉雅山脈上的小國不丹，最北則是踏上日本四國，追尋空海大師足跡，進行為期將近一個月的遍路自助旅行。

以四國遍路的「御朱印」為發想來環遊臺灣的概念，被我運用在媽祖畫冊《作度人舟》中。媽祖跟著我的創作、旅行計畫，去過好多地方。「周遊列國哦！」曾經有位初次見面的通靈老師，見到媽祖的第一句話，帶著意味深長的微笑這樣說道。

日本對文化路徑脈絡敘述及活動整體規畫的完善，而流傳千年至今。臺灣的媽祖活動則與地方發展淵源極深，名列許多項國定民俗及無形文化資產。二〇二〇年起，我將繪製的媽祖圖像，結合每年、定期舉行活動的農曆日期，訂定主題推出《臺灣媽祖曆》，不僅督促自己創作新作品，也持續記錄隱藏於街頭巷尾的媽祖故事，祂們可能不是全國知名，但具有守護一方的代表性，步履間呈現專屬於臺灣的媽祖印記。

從感覺被在乎，一直到祂為我指點了一條人生道路。我曾在二〇一四年自費出版環島遊記《酒境：朱朱的徒步環島記事》，記述跟隨媽祖進香、環島旅行的故事。後續幾年中，依著時序到各地駐村，遇到更多人及故事，轉眼十年過去，累積了更多能量，生命越長話越多，絮絮叨叨上萬言。我曾一度覺得心境如同往昔，不過在潛移默化間，思慮更周延、心態也成熟許多。

某天午後，我傳訊息給編輯小歐，提及出版本書一事。與小歐結識於一場旅行者講座，她行走追尋空海大師足跡的日本四國遍路，我則是徒步環臺尋訪媽祖聖蹟的行者，臺日對照，走路的人應該彼此心有靈犀吧，心中這樣想著。出版計畫很快談定，不過梳理這十五年的心情故事，才是苦惱的起點。

回想許多情節，原來當初沒想通的事情，早已在一步一腳印之間完成。畢其功於一役地寫下這本《與媽祖同行：藝術家朱朱的信仰生活實踐記》，我想整理人生旅途上，留下雪泥鴻爪的片刻，在十年、二十年後，還有值得咀嚼、回味的故事。從跟著媽祖旅行到媽祖跟我一起旅行，各地結了善緣，積累豐富的生命厚度，是當初與祂喃喃聊著心事的我始料未及的。

「是不是遭遇了什麼大挫折而依憑信仰？」曾有人這樣問我。

跟著媽祖走路進香進而徒步旅行、各地遊歷，以知行合一的方式，為自己留下生命歷程的紀錄，不只是信仰，還有來自對海洋及土地的情感，期待廣結善緣、見多識廣。但事實上，世俗的煩惱還真不少，有時候旅程剛出發，就煩惱錢從何而來呢？

苦過、痛過才知道珍惜，在這條路上我並不孤獨，辛苦也要繼續往前走。嚮往理想國，走出去看看外面的世界，眼界開闊，便不會再為生命的一時困頓所羈絆，安業樂道，雖無大富大貴，充實地前進著，是一份資糧與寶藏，收存在生命的存摺中。

人的一生能走多遠，遍萬里之遙只為跨盡天涯，找尋路徑的過程中，不一定會得到答案，欣賞隨遇而安的一片風景，另闢蹊徑，也許是豁然開朗的契機。

無來、無去，無代誌。人生確實苦了點，放空煩惱需要時間學習，提得起、放得下，最簡單的回答無非是，「追隨了祂，學習放開煩惱；有了媽祖的傾聽，我願與媽祖分享我的生活、我的心。」

有人問我：「媽祖沒有生育，怎麼可以稱為聖母？」

「媽祖，是擁有不論作為神職本身或是信眾，不分性別、年齡，同體與共慈悲心的集合名詞。」我說。

「得之於人者多，因而謝天。」感謝媽祖為我帶領人生的路，作我的「天」。

人生在世，一期一會。從嚮往外國的美景，到走進臺灣的文化脈絡、自我呢喃的內心風景，「靈山只在汝心頭」，當下即是，不用再向遠方追尋。

謹將本書獻給全天下的父親、母親，以及擁有拯濟仁心的男男女女。

追

PART

1

尋

「不然，我跟祢去進香好了。」——一切是這麼開始的

小時候一定會書寫的作文題目——〈我的志願〉，老師公布了同學們的振筆疾書，有人想當醫生、科學家、郵差，甚至當總統，全班只有我一人寫「畫家」，那時的我應該也不懂怎麼成為一位畫家，只是單純畫畫嗎？孩提時看著身為建築師的外祖父揮汗如雨地繪製建築圖，一定程度激發了我的想像。

長大了才知道原來畫家有分很多種，但都可以泛稱為藝術家。誰知道我會誤打誤撞，成了一位跟著媽祖一起旅行的藝術家！

「還記得跟媽祖說的第一句話嗎？」

媽媽說我小時候外婆曾帶我認媽祖為乾媽。長大後，與媽祖的再次相遇，是在大四的某個午後。

那時我連續兩年擔任國學會（系學會）、文學院學代會會長。大部分的人都是大一瘋玩社團，我卻是直到大四才一頭栽進去，大家都不看好系學會運作的效率，卻又沒人願意出來承擔。

「為什麼這件事一定是這樣？」

「一定要用這個方式進行嗎？不能有其他選擇嗎？」

小時候對於世界總是有很多疑問，雖然一時半刻找不到答案，隨著年歲增長，持續醞釀，幾乎能一步步得到解答，但總有些問題，在得到謎底的關口，卻彷彿任督二脈尚未完全打通而停住，直到走出舒適圈。

「明明看不慣現實，只能在背後批評嗎？什麼都不做，真的可以嗎？為什麼我不嘗試看看呢？」

還記得投票的日期，是在週三中午一節全年級幾乎出席的必修課課後，可能大家覺得我很瘋吧，一人一票讓我順利當選。當時的我憑著一股熱情，走上了系學會會長這段路，此前沒有任何社團經驗的我，一張白紙從頭學起。

那時期課後長時間留在學校，處理活動籌畫、核銷，活動的經費大部分來自大一新生繳交系費，迎新宿營已經用掉大部分了，延續著中文系歷來的活動舉辦，接下來還有大大小小的經費開銷磨刀霍霍向著我，詩詞吟唱比賽、電影放映會、系週會等。

學會經費有限，尤其活動前，常前往街區走訪，一間間商家募款。當時提出創意市集的計畫得到了新莊市（現改制為區）公所一筆補助款，活動結束的某日午後，前往公所遞交收據，待補助撥款，總算能損益平衡鬆了一口氣。

接觸藝術市集有個純屬意外的開端，當時正在籌備中文週系列活動，煩惱著學生活動千篇一律，身為會長總要想些新點子吧！

漫步西門町街頭，靈機一動到紅樓逛逛，當時市集活動方興未艾，逛過一輪攤位，接觸的創作者包含插畫、金工、飾品、皮雕、布品等各個類別，開啟了活動想像，鼓起勇氣詢問是否有機會邀請攤友們來學校共襄盛舉呢？沒想到得到了藝術市集協會大力支援。

中文週系列活動以三教文昌為主題，包含道教的文昌梓潼帝君、佛教的文殊師利菩薩、天主教由聖托馬斯．阿奎納（St. Thomas Aquinas）為學業主保，服務台提供祈福卡、抽籤詩活動，結合在地筆莊、鹹光餅店家、校園社團展演，書展、影展、市集等熱鬧展開，自中文系所在的文華樓帶狀延伸，將近五十多個攤位進駐輔大風華再現廣場，一週上千人次參與，刷新了校園活動的紀錄，誰能想到社團小白也能搞出這般風景，與初出茅廬時企畫、預算一直被退件的我，不可同日而語。

雖然不是科班出身，當時也不是創作者，抱持著對事物的好奇心，甚至後來當創作者需要休假時，我就代班上陣，曾經在師大、士林等地協助銷售，認識了更多創作類別。每當週末市集時間一到，大家陸陸續續抵達，開始擺設展示器具及作品，迎來一波波人潮，有時候忙到沒時間吃飯，趁著空檔分享彼此的零食。擺設市集看天吃飯，天氣好的時候人潮滿滿，遇上陰雨天進入半休眠的攤友交誼模式，累積了不少革命情感，當時結交的友人們仍維持著聯繫，關注彼此的創作，神交於無形之中。

或許因為經常和創作者們交流，覺得自己也可以創造些小東西，便從原本只是參與活動進而成為藝術工作者，那段彼此交流的時間可說是開啟我創作之路的草創階段。

直到遇見媽祖，祂成為我追尋的對象，原本隨興的創作才漸漸有了方向及目標，說是媽祖帶領我走上創作漸臻成熟這條路，一點也不為過。

了卻核銷單據一樁心事後，信步走向對面的老街。

老街上有數座信仰中心，我走進供奉關聖帝君的武聖廟與媽祖婆的慈祐宮，先向關帝爺祈求文運昌盛，再往媽祖廟祈福。喜歡傳統建築的氛圍，也許是血液中的建築魂牽引，就讀大學期間尋訪了許多廟宇，更喜歡古樸清幽的小廟，當時沒有特別追隨哪一尊神明，只是在逢年過節時前往寺院、廟宇奉香，屬於「拿香跟拜」的性質，延續原生家庭的信仰脈絡。

在探究生命意義的萌芽階段，就讀天主教學校的我，也曾向上帝禱告。煩惱著計畫書被退件、經費沒有著落，心中喃喃向上天念叨，怎知從校門口真善美聖廣場走向校內的短短幾步路之間，經費預算通過的電話來了。屢試不爽兩三次，真覺得神奇。後來沒有走向主耶穌的懷抱，我想是對宇宙觀的解釋，傾向相生相成的東方哲學比較多的緣故吧！

心之所向，祂也向我彰顯，相信每個宗教的祈願都是有力量的！

由於學校地緣之故，更常造訪新莊老街上的慈祐宮，媽祖端坐在寶殿之上，寧靜的氛圍讓人身心放鬆，在廟內駐足了一會兒，走向案桌前長跪向媽祖說了許多話。

「我們這個世代的物質條件很好，看似機會也多，可是卻忽略了教育體制並沒有教我們如何去選擇……」我將系學會所遭遇的難題及讀研究所、就業等，人生道路上的抉擇事項一一敘明，期望媽祖婆可以為我撥雲指路、點破迷津。

語畢，雖神像與拜亭中間被柵欄圍起，但仍感受自神龕處有一暖流緩緩向我湧來，越來越溫熱，將我緊緊擁抱，「原來媽祖婆有聽見我說的話！」那感受至今難忘。

「不然，我跟祢去進香好了。」心裡這樣想著。在我成長的環境中，完全沒有進香的概念，當時為何萌生這想法，至今仍想不透。

我們這個世代所面臨的問題，與父母親的世代不可同日而語，從前是肯努力便會有出路，而今多元紛雜的時代加上大環境氛圍，讓我在思考未來的出路時，常困惑於讀書所為何求？我看到許多同學，為了工作而讀書，或只是為了一張畢業證書，進入職場後，為五斗米折腰，對於理想的生活沒什麼想法。

我想要的生活是什麼呢？跟著媽祖進香，走出既有框架，是我所能想出找尋人生答案的方法之一。

回家後搜尋了「媽祖進香」的相關詞彙，關於大甲媽祖、白沙屯媽祖的聖號第一次出現在我眼前，大略看了一下活動原由及簡介，是我未知的領域，「明年一定要加入這行列！」當時沒想到要祈求什麼，只是單純抱持著好奇，去走走看看的想法，走上路才發現，原來往前行走不是通到終點。

晉太元中，有武陵人沿著溪流進入了桃花源……

「記得剛認識的時候，妳二十五歲。」
——大甲媽祖遶境進香

每年農曆正月十五日，元宵節，是大甲媽祖筊筶遶境進香的日子，聖示清明時節啟程。

記得第一年參與，出發前幾天，我早早將行囊收拾完備，卻因獨自一人對陌生環境的膽怯裹足不前，看著電視上人潮洶湧，陸陸續續啟程的畫面，彷彿有種鼓舞，「不管了啦，行李都準備好了，先上路再說！到了看看狀況，假如真的不行，買車票回來不就好了。」內心小劇場翻騰無數次，啟程的那一刻還是需要一點勇氣。

歲次戊子年，西元二〇〇八年四月五日，搭上前往大甲的火車，加入了媽祖南下遶境進香的隊伍。

旅程進行得順利嗎？對曾經謹小慎微的我來說，最遠的旅行經驗是從臺東至臺北讀書，假日時拜訪就讀各地學校的朋友，囫圇吞棗式地走走逛逛，這算旅行嗎？當時的不成文計畫是「來去宿舍住一晚」，算算還真去過不少地方，也算有旅行經驗吧！

呼朋引伴了許多天也無人響應，當時完全沒有同溫層結伴而行的我，對於開啟一段新的旅程仍感躊躇。

火車行經幾個重要的大車站，人潮一波波湧入，車廂內已如同沙丁魚罐頭般擁擠，無立足之地的我，只能隨著人潮水草般擺動。

抵達大甲車站時，已接近媽祖起駕時刻，我揹著背包擠進廟內，恭請生平第一支進香旗，向媽祖秉告後，在香旗結上平安符，順時鐘繞爐三圈，便出廟開始向南方行走。

網路攻略提醒要在媽祖起駕前出發，扛轎的轎班會輪流休息，隨香客只有自己一班，不趁早啟程會趕不上媽祖的腳程，幸運的是有推著各式行李車絡繹不絕的香客為我帶路，我想攻略分享的準沒錯。

後頭煙火聲此起彼落響起，「媽祖起駕了！起駕了！現在走到水尾橋。」一走過水尾橋，象徵出大甲城，進香隊伍正式啟程，沒有GPS、直播的年代，身旁的香客更新著鑾駕最新進程，我也雨露均霑地得到一些訊息。

路途中許多信眾翹首期盼接駕、鑽轎腳，為了趕上表訂行程，媽祖的鑾轎幾乎二十四小時趕路，步行者更是夜以繼日行走。我從起駕後便沒再看見鑾轎，一路上伴隨著鈴噹聲、人聲更新即時動態，如同隨身的廣播電臺，倒也不覺得寂寞。

許多叔叔阿姨見我獨自行走，特意放慢速度與我閒聊一陣，得知我是隻身前來參與的大學生時，「這麼年輕就來進香！」不免發出這樣的驚嘆，便邀請我加入他們的社群，邊走邊分享人生故事，受到許多照顧。

但他們對我更多的好奇是，我穿著拖鞋行走，「難道不容易起水泡嗎？」

「穿著拖鞋有兩個好處，晴天時搭配襪子穿，可以防曬又不易磨腳及悶熱，其他香客因遇雨開始在鞋中塞報紙時，我只要脫掉襪子，雙腳立刻恢復乾爽舒適。當鞋底磨平時，可以無罣礙斷捨離，銅板價的新鞋，踏著厚軟底行走有神力加持的快意。」回答得彷彿我是藍白拖鞋的銷售業務員。

我在清水菜市場買了人生第一輛菜籃車，行李放置其上，減輕身體的負重，行走起來輕盈許多。

白天行走太熱，大多數人選擇夜間趕路，我研發出一個時程表，大概距離媽祖既定路程半天以上，可以好好梳洗睡個覺；若是少於半天，則小憩後便要緊接著上路，好的狀況是有民宅借住，或宿於香客大樓。

我也曾經席地而睡，那是回程經彰化市，與大部分香客一同夜宿於彰化縣政府。因較晚抵達，府內已住滿騎機車與腳踏車的香客，只能勉強找塊紙板在縣府大門口席地而睡。

當晚寒流來襲，雨絲飄落腳邊，同行的大哥教我穿兩件雨衣，才能勉強抵擋刺骨寒風陣陣，一整晚在紙板上打著哆嗦睡睡醒醒的時光，錐心刺骨的凜冽，成為我最特別的進香記憶。

每每經過重要路標，不論身體疲累，一定停下腳步拍照紀念。直到看見崙仔橋及新港鄉地標，在眾人推波助瀾下走上窄窄的橋身，至橋面三分之一時，好不容易有了立足之地，得到一點喘息的機會，滿滿的感動頓時湧上心頭，「終於到了！」我將口罩拉上試圖遮蓋非悲非喜的淚水，但仍止不住啜泣。

這年是我第一次來到新港，比起遶境進香十年以上經驗的前輩們，我算是幼幼班。黑夜中，郵局前的小巷裡，一群新港義工拿著大竹掃帚，進行環境清潔，除了歡迎進香活動的熱情之外，社區營造的動員力，讓人感動。

幾年下來，受到大家的接待，想著以自己的能力付出些什麼，我依然記得洗最多碗的那夜。

跟著媽祖進香前幾年，沒認識什麼朋友，隻身一人準備了周全的行囊，出現在進香路上。當初認為周全的行囊，如今看來是自認為用得著及可能會用到的物品的集結，但未必是「需要」的。

拉著一輛推車，越走越沉重的步伐，縱使走在媽祖行經路線前大約半天至一天路程的我，體力仍是吃不消。

行程進入清水，拖著疲累身軀的我，吃完晚餐後，看著點心攤堆積如山高的碗筷，便坐下來協助清洗，趁機休息一會兒。在沒人前來接替的情形下，一碗洗過一碗，洗好的馬上被送往用餐區，隨即再送來無數碗筷，一洗便到子夜。

媽祖的神轎已經經過很長一段時間，人潮才漸漸散去，我意識到今晚的住宿還沒著落，陪著初次見面的點心攤老闆娘收拾到尾聲，老闆娘留我一宿，我們才有機會說上幾句話。

她心中的疑問與路上遇見的香客如出一轍，便是當時還是大學生的我為什麼想來走媽祖進香？

從大甲出發至新港，禮俗上參與進香的信眾遵循著去程全程吃素，祝壽大典後回程開葷。對素食者的我來說，路程中完全不擔心吃食，有很多選擇，並不困擾，甚至還多了許多意想不到的特別優待，生菜沙拉、自助餐、黑咖啡、炸薯條，完全可以在出發前許願菜單。

每年這個時節，總要排個時間跟著媽祖好好走路，是這幾年的習慣，也是一種自然反應。一路上結交許多朋友，學習一期一會相聚，然後告別。長了見聞，也多了些方便，回想起來，確實長大不少。

「記得剛認識的時候，妳二十五歲。」葉主委說。

「這幾年不見，我現在都十八歲了，真是交情匪淺啊！」我開玩笑說。

與葉主委認識了好多年，他是彰化無底廟的前任主委，每年大甲媽祖進香前，他與志工們一同發心，包八千顆素粽與大眾結緣，至今已持續十八年，在彰化、大肚交界發送完素粽後，隔天一早加入隊伍。

我們的腳程差不多，機緣巧合在西螺魚寮往吳厝的路上攀談而相識，這些年一直保持著聯繫。路上每處點心站都有與媽祖互動的感人故事，這些奉獻的心匯聚成關愛，讓人持續跟隨。

剛開始參與進香時，只覺得既然上路了，就一直走下去，沒想到年年參與至今，這些年下來，不論生命厚度或是作品點點滴滴累積，願保有初衷，持續前進！

朋友得知我參與進香活動後，與我分享他的心得，認為虔誠地拜拜，並沒有感受到保佑，開始對神明沒信心了。那我呢？

小時候跟著家裡信佛，隨著年歲增長，燒香變成了例行公事。藉著神明招搖撞騙的新聞層出不窮，行旅中，來自各地的人們，對我訴說著媽祖帶給他們的改變及庇佑，宣說神明旨意與事後諸葛多。人家說得手舞足蹈，我信了一半，另一半則是等待時間驗證。心裡的疑惑並沒有困擾我太久。對宗教的狂熱自古皆然，盲目崇拜不在少數，我開始觀察這一切，人與眾生相。

徒步進香的路上，有人同行作伴、相互分享食物，隨興聊著天。但也會看到有些信徒搶著鑽轎腳、搶壓轎金、搶所有屬於媽祖的神物；神尊進殿時，還不忘伸手摸媽祖一把，任何一切能拿得到手占小便宜的都不放過，甚至只是跟著媽祖行進的隊伍，沿路吃吃喝喝，沒吃完的食物直接棄置路旁；或與其他信眾說長道短，結黨立派。進香路上也能窺見人生百態，自私與互助都是人性。

大甲媽祖往新港遶境進香活動，去程第三天，途經西螺吳厝後，路線會右彎往二崙方向，這條路線因村莊人口老化、外移而逐漸沒落。

有些香客會自行縮短行進路線，截彎取直，直接往虎尾、土庫方向南下，笑稱「切西瓜」。前幾年還是進香新手時，走這段夜路通往虎尾的墾地里，因路燈、補給站少，不僅昏暗、容易迷路，每每行經路口，總會在心中自我懷疑一陣，剛剛不是才走過嗎？鄉下的路怎麼看起來都一樣，尤其夜間視線不佳，沒了遠處的參照，途經「夜總會」時，還會默默放慢腳步等後頭的人一起，或是快步往前。（腳都瘸慘了，是能走多快，重點是後面沒人啊啊啊！）

二〇一八年，我與新港友人盈縈、明翊手請著慈藝媽祖徒步隨進香團南下，當得知我們行經二崙附近，小瑞熱情地招呼我們來她的老家看看，我們一行於吳厝吃完豐盛的自助餐，右轉往田尾、二崙方向，抵達湳仔東隆宮，這是一座位於民宅間的小廟宇。

進香的路上，認識許多熱血的好朋友，小瑞是其中之一，與小瑞熟識許多年，她跑廟會時，常常帶著當時年紀尚小的兩位姪子——大寶、小寶，久而久之，大家都跟著姪子一起叫她姑姑，她常笑稱自己是沒有天線，不會通靈的「廟廟小仙姑」。她目前住在新北市，老家則是二崙的張廖姓，先祖傳承下來的東隆宮，位於大甲媽祖往南遶境進香的古香路上，是停駕的宮廟之一。聽她說著小時候回鄉下過年守歲的情景，讓這段香路增添許多溫情。

大甲媽抵達的時間，約莫清晨三點。

幾年前，她在這段昏暗的道路上發起點心站，為旅人點亮夜路。

「我希望能成為這段路的一盞微光，服務夜間跟隨大甲媽祖的香客，走累了能有一個歇腳的地方；也希望大家路過這裡，能夠記得東隆宮，來跟神佛說說話，這樣我就很滿足了！」小瑞說。

從媽祖蒞臨的前一天，將物資集結南下，各方好友一同出錢出力贊助，結合在地補給，進行場地清潔，再鋪排上用心準備的各地名產，手沖咖啡、金牛角、鳳梨酥等，護持大甲媽祖行經這段香路的情緣。

因產業進駐，路燈點亮新路，近幾年進香路上的風景，著實變化不少，久久來一次，都快認不得曾經的路線。現在再也不能笑稱，這是個「過了這個村沒這個店」的補給點，卻是一處有在地故事，來喝一杯人情味咖啡（兼聊是非）的點心站。

後疫情時代的信仰活動，某些形式早已轉變，不論自然改變或人為，心意依舊是那麼真摯與虔誠。很榮幸可以為這份心意贊聲，擔任短短幾分鐘的廣播員，用盡了這幾天迎媽祖的力氣。

「祈願您為人生撥雲指路，照耀光明。」我還記得跟媽祖說的第一句話，當時的話語言猶在耳，走過數千個日子，每年不期而遇的行旅，如同第一次參與進香般新鮮，也是挺精彩的！

檢視了隨香行囊，抱著些許好奇又緊張的心情，再度踏上旅程。自二〇〇八年起開始跟隨大甲媽祖南下遶境進香，二〇二三年是參與的第十五年，說長不長，數著倏忽即逝的日子，歲月也不算短……

細雨綿綿如細流，結緣涓滴，信仰如海洋。願將祝福傳遞，祈願天地無災，眾生平安。

在印度，無數信徒懷著虔誠的心，走進恆河，以求用聖水沖刷掉自己身上的污濁或罪孽；臺灣也有條「媽祖河」，流淌在大家心中，每逢媽祖聖誕前後，用自己的雙腳跟隨媽祖婆的步伐，為至親至愛走出堅毅與虔誠。

香煙裊裊，上達天聽，相信媽祖婆一定都有收到大家滿滿的心意，不論形式地降下保佑與祝福……

「這是婆仔要賜給妳吃的啦！」

——白沙屯媽祖北港進香

清煙一炷丈千量　萬履隨鑾讀疏黃
千里順風聞厄困　人舟苦海度汪洋
飯擔食餚暖肚腸　沿街敬奉難思量
香燈照問人情暖　百里情牽萬代香
隨香步踏爆千花　保境安民鎮過鄉
信女誠男遙欲寄　慈心顯佑百年昌
夜訪群星謁廟堂　簷勾宇鬥喚天光
朝天禮敬心誠意　百福駢臻刈兆祥

——喜隨媽祖北港進香之一二三四

白沙屯媽祖進香回鑾的午後，熱情的信徒一早挑著飯擔來到廟前，色香味慰勞了長途跋涉旅人的辛勞，廟前人聲鼎沸。提早抵達的我在香客大樓小憩等待媽祖（當時的香客大樓位於廟內二樓廂房）。

我站在鄰近拱天宮牌樓的T字路口，沿途欣賞信眾準備的飯擔，已預備好大快朵頤，路上卻不見半個人影，只有炊煙裊裊與飢腸轆轆（有點像電影《神隱少女》的場景）。

「這個可以吃嗎？」我好奇地對著攤位，以臺語提問。

「可以啊！汝盡量吃。」空中傳來回音，答覆了我的嘟噥。好開心，是我最喜歡的油飯配羹湯。

咚、咚、咚、咚、咚、咚！我從震天的鐘鼓聲中驚醒，媽祖的鑾轎已準備入廟，睡眼惺忪，我趕緊起身。

「原來我睡了這麼久啊！」雖然什麼都沒吃到，但是夢境好真實。我把夢境轉述給同行的大姊。

「這是婆仔要賜給妳吃的啦！」大姊回答。

第一次來到白沙屯，是二〇〇九年跟著大甲媽祖進香完畢北上，白沙屯媽祖往北港進香啟程第一天，本以為可以無縫接軌跟上，殊不知誤會了進香期程的我，與媽祖擦身而過，神龕兩旁的紅布簾垂下，媽祖已於凌晨起駕，算了算以急行軍路程步行，隊伍應該已接近北港，心中難免落寞。

濱海小村的人們三三兩兩或坐、或站，聚在屋前閒話家常，風從海邊吹來，隨著談話音聲竄入大街小巷，火車過境的聲音，時近時遠。廟門在擲筊聲中開啟，也在卜筶聲中關閉，海風吹拂、漁港潮汐漲退及旋轉著的風力發電機，媽祖見證了時代的變化，不變的是虔誠與質樸，午後海風吹起，數代相傳的媽祖信仰，泛著先民篳路藍縷的漣漪。

回程，我一定要參加！

白沙屯媽祖、山邊媽祖端坐轎中，兩位聖母一同往北港進香，以神轎的靈動擺盪擇路而行，路線並不固定。進香的隊伍，行列十分簡單，一支頭旗、一頂神轎，自北港回程時多了刈火的香擔，數萬頭戴橘色帽子的香燈腳（跟隨媽祖進香的信眾）組成隨駕隊伍，號稱「橘色大軍」，成為最顯著的特徵。

「媽祖怎麼會知道巷子裡有小朋友在等祂呢！」

「剛剛媽祖衝進超市停駕了，現在休息十分鐘。」

媽祖總會在行進時貼心地撫慰路上的信眾們，尤其是小朋友及老人家，不固定路線的機動性，增加了進香路上許多趣味及驚嘆，媽祖轎頂的粉紅色遮雨布，讓神轎有了「粉紅超跑」的美名。

前幾年還沒有直播或GPS定位，都是依靠香燈腳相互傳遞消息，跟在媽祖轎邊行走，或走在頭旗與神轎之間，與神轎相隔一段距離，走起路來比較輕鬆，也多了些休息時間，現在參與的人數越來越多，只能從直播中得知現場狀況，看著媽祖大展神威。

「我記得國小的時候，有一天在家門口掃地，突然看見遠處神轎飛快地從門前經過，那時候隨香人員，目測大概不到一百人吧，『弟弟趕快跟媽祖拜拜！』當時我不懂，看著眼前的景象發楞，跟隨媽祖的香燈腳大哥趕緊提醒，我朝著已快看不見隊伍尾端的方向拜了又拜，成為對白沙屯媽祖進香的兒時記憶，與現在動輒數萬人的進香隊伍相比，已不可同日而語。」一家住鄰近彰化車站的華廷，每當媽祖香期時，總會手舞足蹈分享著小時候看見媽祖神轎的印象。

這幾年參與人數漸多，避免因彰化古城路較窄小而塞車，媽祖選擇走省道時多，我們這樣猜測著。

參與的頭兩年，因攜帶行李行走而疲憊不堪，團體中怯怯卻又質樸的眼神，打量我這個不曾相識的新面孔，顯得有些格格不入。休息時看到身旁參與進香年資比我久的學姊，僅揹著一個薄薄的胚布袋，引起了我的好奇，兩件換洗衣物，一些簡單的用品，這是她參與進香的全部家當！我不由得驚嘆，原來減法生活可以如此簡單。

徒步一天後，疲累的身軀要與遊覽車隊、機車騎士、或觀光團，一起搶食、搶床位、搶洗澡，恨不得分身作戰！體力耗盡之餘還要挑戰人性。

後來發覺，這是一年一見香燈腳的聚會，曾經萍水相逢，再度相會時的第一句話總會說：「好久不見，最近過得好嗎？」有些人見一次面就在人群中走散，有些則成了好朋友，每年相見時分享近年來的生活、彼此傾聽。

緣分是奇妙的，重複遇到同一張面孔，讓有點社恐的我，增加了攀談的機會，一位熱情的姊姊對我說：「叫我『圖畫紙』就好。」因腳程相當，我們在虎尾相遇，等待媽祖停駕休息的空檔，相鄰而坐的我們，因油頭垢面便相約去髮廊洗頭，神清氣爽地成為一年一會的進香夥伴。每當啟程前備齊物件，相約同行互相支援，她總是能想出一些有趣的小遊戲，創造路上的新鮮感。

有一年，走在炙熱而筆直的公路上，她突然興奮地叫住被曬到頭暈目眩的我到草叢中，我以為是什麼石破天驚的發現，原來是路旁長滿了蒲公英，我們摘了幾株吹拂，相互留影，在路邊玩了好一會兒，等待神轎接近時繼續前行，路過身旁的香燈腳看著我們自得其樂也覺得有趣。

近年她結婚生了寶寶，因為照顧家庭使我們的香約中斷了，我們不是約好八十歲還要一起推輪椅到北港進香嘛？怎麼可以沒有妳陪我一起腿痠呢！等到孩子年紀大些，別忘了再回隊伍同行哦！

參與進香這些年，在路上得到許多「方便」，是廣大香友提供的協助，讓我能安心走路，一直記在心裡，不論提供膳食、小憩之所，給予任何形式的方便，甚至是點頭、微笑。同道之人相互扶持，聊著人生，撫慰彼此的心。

很多人以為參與進香要全程走路而卻步，「累了可以搭車啦！」我鼓勵大家。進香的開放性，可以隨時加入隊伍或離開，看到我在路旁休息，分送午餐的大哥熱情地協助，「我幫妳添一碗麵啦！」素昧平生相遇，反倒能敞開心胸談天，聊起家裡的事，彷彿是認識許久的朋友一般。

人生嘛，聚散也是美好的回憶。

開始參與進香起，每年我都會以手繪媽祖作品與大眾分享，延續了好些年，某種程度是給自己個功課，定期推出新作品。從早期的銅西卡、美術紙雙色印刷，喜帖紅卡紙、金紙燙金，各式印刷呈現，累積發送超過十萬張了吧！

大家或許知道隊伍中有一位畫媽祖的畫家，也結緣過作品，雖然未必見過本人，不知道這個人是誰？

「作品會說話！畫作就是最好的名片。」感恩與回饋是發行明信片的初衷，我常這樣說。

前幾年曾以竹籤紙（金紙的紙質）製作明信片，這個想法我構思了很多年，但因為手工繁複，一直沒有付諸行動。友人問起是否有製作進香結緣品時，我才猛然驚覺忙忙碌碌中，進香期即將到來。

「我覺得都很好啊，去年是香火袋，今年可以送明信片，只要是朱朱做的結緣品都很棒！」每年結緣品會由助印人協助發送，我也會問問他們的意見，有沒有什麼物件可以搭配創作一同產出。

我挑選出滿意的畫作，以竹籤紙燙印媽祖寶相，這載體是信仰者再熟悉不過的材質，傳統上用於金銀紙印刷，在減香滅金的時代氛圍下，我將媽祖寶相印製其上，作為藝術品、收藏品，聖母香火封存於卡紙中，亦可當作保身平安符之用。

從手繪、選料、製作，一直到成品，細節處檢查再三，經由助印者發送，贈與路旁的義工、鑽轎腳的信徒，或是一起徒步的香燈腳。雖然製作上千個，對於拿到的人來說卻是唯一，兢兢業業地完成，屬於這條香路上的密語，環繞著有形的路，轉換的是無形的心境，給予大家最獨特的祝福與關心。

願作品所在之處，不論實體印製，或是發布於虛擬的網路上，媽祖慈悲撫慰見聞者，面對各自人生的功課。媽祖彰顯給我的，不單單只是飄渺的神蹟，而是在曲折迂迴的人生路上，以寧靜覺察自我，與環境對話，期許以正向的心念，生命記憶的共構與共振，自度利他。「但向塵中了自心」，這個功課，數年眨眼間。

進香路上的不變與變化，近年來感受特別不同。這幾年參與人數因網路無遠弗屆的傳遞倍數增加，疫情解封後，參與進香的人潮大爆發，二〇二三年有十多萬人報名，未來可能會有二十萬人報名，使得型態逐漸有了轉變。

香路上可比擬成一個小社會的縮影，是善與人性極大化的聚合，見微知著，更是警惕自己，不造成他人的困擾，再論行善積德，勇往直前。偉績從來不必歌誦，香路之所以溫暖，因著小人物堆疊出來濃厚的情感，相互傳遞而感人。常保初心讓過去、現在以及適應轉型，也是一種成長吧！

有人常問我：「媽祖真的有保佑妳嗎？」

我也曾想過保不保佑的問題，不過因果難免，至少當下用心生活著。沿路居民擺出香案，累積著數個月士農工商的能量，幾天準備飲料、食物，半天乃至一天等待，為了媽祖路經家門前數秒。鑾轎通過的那一刻，赤忱的心意與熱情沿著馬路上的引線，一一炸開，直衝雲霄。

「跟阿婆求平安，平安就好。」不過是最簡單的祈求。

反過來想想，媽祖看著眾生相，吃喝拉睡不外乎是生活，旅途中互助、依靠，我們是彼此的媽祖婆。眾生無盡，依憑著信仰而有勇氣與力量繼續向前的菩薩亦無盡……

長途跋涉後，腳彷彿不是自己的，身體也不是，但心是。旅途中一腳踏著黑夜，另一腳跨過白天。人情路，一輩子走不完。每年當東北季風吹拂轉換為西南風前，媽祖沒有忘記這些善良的人們，帶領徒眾一步一腳印踏鎮過鄉，傾聽他們的聲音。

雖然人類仍舊無法準確預料未來會發生什麼事，但至少已經沒有世界末日了，所以有什麼好擔心的？每年跟著媽祖進香並不全是證道大會，而是一種生活方式。

年年看著沿路的變與不變，當車輛從旁呼嘯而過，隨遇而安的休憩，放下挑戰速度的野心，不會只是看到滿街霓虹螢光變換的差別而已。在最餓、最累時，來自生命的溫度更加深刻，鏗鏘鮮明。

媽祖回鑾後，隔天是遊庄的日子。依舊起了個大早，由二媽帶領巡遊村中的大街小巷，我走在山邊媽祖的轎邊，轎班大哥看我手長腳長的，便問道：「要不要來扛一下！」

我不假思索說道：「好啊！」心中卻想著好怕被自己搞砸。

扛著轎子，隨著轎身一搖一擺前進，沒有人群窘迫的壓力，身輕體健彷彿注入了許多能量，像走在半空中，換班了走在轎後，依然能感受到被全然的保佑懷抱著，實在是謝謝媽祖婆的厚愛。

「要神，也要人。」俗語說。

「結緣，不攀緣！」曾經糾結於群我關係時，仙仔這樣提醒我。世間就是最好的修煉場，娑婆世界這麼好玩，所有經歷的當下甜蜜又苦痛，但是不能戀棧啊！

「那妳今生，或是現在，想以什麼宗旨，作為解答或解方之於大眾？」朋友問我。古早廟宇作為教化場所，眾人尊敬神明及信仰，時至今日，廟宇的教化功能被學校所取代，不過信仰的精神、藝術及歷史、人文場域的角色卻日顯重要。在人生的終點之前，成為立身處世的圭臬，社會的教育是不夠全面的，這也是宗教信仰的意義所在。

走了十多年香路，參與過大大小小的進香活動，仔細回想這段歷程，發現路並不是通到終點。正如每個人的人生疑問，不會因為一段旅行而得到幾個選項或是幾種解答，課本上教我們的，只是某一種歷史偶然下所造成的結果，鑑往知來，從這些事件發展的規律及脈絡中，找尋引為借鏡的方向。

進香的路上，素不相識的人們相互交流，融通南北，分享彼此的人生經驗，增長見聞。在行動的同時，追求自我的成長與提升，為了信仰及心念奉獻，是真正的價值所在。

當人心與神心相感，自有默佑隨身。不諱言，這段旅途一開始是為了追尋媽祖，現在反倒是體認出發掘自己內心的潛能，藉由徒步轉向自我觀照，回頭想想，沒有白走、白過。

十多年來結識了同道而行的朋友，受到許多幫助，漸漸不再那麼克難，起初周全的行囊，已被小背包取代，我依然記得往昔辛苦的日子，一步一腳印，時時提醒著我，初衷莫忘。

不夠有智慧如我，安住當下，期許有朝一日可以在「有為法」的畫筆之中，得到一帖人生解方，這也許是下個十年的功課。

走在人群中，信眾如一代一代綠葉襯托信仰紅花盛放，想起跟隨媽祖進香經歷了許多事，對照當下心境，充滿踏實，彷彿倒出些滿溢的杯水，淨空身心如入無人之境而行。

隊伍猛然疾行到我已經看不清楚祢的樣子，不論未來如何，仍是朝著祢的方向持續前進，感謝祢帶領我創作出豐富多彩的作品及生命，慈悲與奉獻是祢的名字，叩答恩光，是我，最真誠的表白！

「踏出第一步就成功了一半。」——徒步環臺媽祖廟巡禮

有人熱愛宗教，認為會帶來心靈的快樂；有人半信半疑，某種程度上不如相信科學來得可靠。宗教儀式常被汙名，給人陳舊迂腐的觀感，我們被教育成要做一個新派的人，要擁有科學與理性。

在這個前提下，如果有人跟著媽祖去進香、甚至徒步環島，是否會令人不解？許多人聽了我做的事，其中包含信仰不同宗教的人，給我下的結論應該是四個字：「妳好虔誠！」

但我認為與虔誠並無多大關聯。

「哪有工作可以讓妳請假這麼久？這麼自由啊？」若是與虔誠無關的話，再歸結到工作。大多數人聽到我的經歷後，九成會說出這樣的話語。

但我想，這無非是一種選擇，在工作與生活之間，在社會期待與自我價值之間。

我是不是要當個符合社會期待的人？比如從小當班長、模範生，成績前三名，進好高中、上好大學，應徵穩定的工作等。有人找工作，有人正在工作，為了生活走不開、放不下它們。我反思成長歷程，大部分的時間被社會價值觀制約了，但若想要從頭感受與學習，一點也不嫌晚，隨時可以開始。

想走得更遠，因此要旅行！有人去打工遊學或公益旅行，有人單車環臺，有人騎摩托車、開車，那我呢？為什麼要用走的？在環島前我這樣問自己。

連橫的〈臺灣通史序〉上寫著：「洪惟我祖先，渡大海，入荒陬，以拓殖斯土，為子孫萬年之業者，其功偉矣！」每年冬季，烏魚順著暖流至臺灣西南沿海產卵，後迴游北返。先祖為了捕捉漁獲、向外墾荒及貿易，由大陸東南沿海來到臺灣。

四面環海的島嶼，海洋與生活密不可分，科學儀器不發達的時代，天氣變幻莫測，橫渡黑水宛如一場賭局。為了護佑船隻安全抵達，也使心靈有所寄託，奉請海神媽祖守護平安，移民日眾，媽祖信仰愈發昌盛。到了定居社會，聖母的職權由沿海居民信奉的海神，漸漸轉變為村莊守護神，隨著信眾的需求日漸多元而成為全能神祇，也是華人社會母性信仰的代表之一。

跟隨媽祖婆的腳步而行，是根植於洋流的記憶與人群間的緣分。臺灣的開拓，路從無到有，追懷先祖的記憶與感受臺灣的一段旅程，讓人眷戀的無非是土地與人專屬的味道。坊間常見諸如尋找世界一百個美麗的地方，不如千里之行始於足下。感受土地的溫度需要時間醞釀，一步一腳印需要勇氣。

走路，是人生中最簡單的一件事，走好路卻需要學習，藉由徒步環島讓它更為深刻。

回想起大學時期開始跟著媽祖進香，因此愛上了走路及沿路民眾的熱情，假使可以用幾週時間去臺灣各地看看，拜訪各地的媽祖，是學校及工作職場學不到的事。二〇一〇年，在完成大甲媽祖、白沙屯媽祖共約七百公里徒步進香後，自覺體力尚可，心中萌生了徒步環島的念頭。

進香路上，聽著大家分享家鄉媽祖的事蹟，引發了我的好奇心，想多聽聽各地的故事。若是少了沿路熱情的奉茶車與奉獻的餐食，獨身上路的我，能獲得些什麼呢？我離開了工作，會不會因為害怕而退卻？

徒步環島的行程並沒有花費我太多時間規畫，計畫半套、臨場發揮較多。

考量路上充電、網路連線不易，避免浪費時間回頭，必須走確定好的路線。手機雖然便於導航，但可能因沒電等突發狀況而無用武之地，我便將預計參訪的媽祖廟，查詢Google地圖上行經的路名連成環島路線，並搜尋鄰近的住宿地點，土法煉鋼地印製紙本，隨身攜帶以備不時之需。

我帶上一張張宣紙相連貼成長紙卷，預備一個月旅程中蒐集各式印章作為紀念，宮廟官印、郵戳、警局收發章，以及遇見人們的簽名。

人生第一次長時間獨自旅行，許多地方首次到訪，面對陌生的環境心中是忐忑的，「出發？不出發？沒錢了怎麼辦？」猶豫不決到心中早已一瓣瓣剝碎了好幾朵玫瑰花，自問自答達到完剝菊花花瓣的等級。為了讓自己義無反顧，行前發布臉書動態昭告天下，這下為了面子，一定得以自得其樂的方式，硬著頭皮走下去了吧！

我拿出進香時使用的菜籃車，準備三至四天換洗衣物，規畫路程及住宿後，又想著路上可能提款不方便，帶上僅有的積蓄，走上這趟孤注一擲的旅程。

為了不至於因獨自一人而害怕，我揹著參與大甲媽祖遶境進香時恭請的進香旗而行，計畫帶著祂徒步參拜臺灣一百多間大大小小的媽祖廟。

出發前兩天，剛好收到臺北故事館的到職通知書，當時臺北花博籌備如火如荼，我與工作人員商量延後到職，環島回來立刻加入團隊運作。有了經濟上的後盾，對即將上路的我來說，無疑是打了一劑心無旁騖的強心針。

日期選定在天氣宜人、較無颱風侵擾的十月一日上午七點，從新北市新店出發，順時針環島一周。

啟程前一晚，下了一場霹靂大雨，天亮時轉為微雨，出發後便停了。行前邀請兩位學妹與我同行第一天來壯膽，她們也想藉著機會出門走走，我則是有避免自己臨陣脫逃的目的。北宜公路上汽機車急駛而過，我們在路上走著，三人說說笑笑大學生活的瑣事，聊了很多人生階段性的話題，關於未來的想像及規畫，也是自我詰問的一面鏡子。

談笑間秒針走得特別快，休息時玩起公園中有點超載的搖搖馬，隔日在坪林告別。

第二天，一位同學從途中加入，陪我走一段。由於預排的路線會經過九彎十八拐，繪聲繪影的傳說以及與車爭道的窘迫，使我們在第一個分叉路口得做出選擇，是要繼續行走路程較遠、車流多但相對平坦的北宜公路，還是距離較近卻路徑崎嶇的跑馬古道呢？Google 地圖上無法預測路徑，只能盲測般地憑直覺選擇。我們選擇了古道。

因帶著菜籃車的緣故，我們在古道上半拉半搬，抵達礁溪時天色近晚，同學友情贊助了一晚舒適的旅館。

隔天遇見了路程中的第一間媽祖廟——礁溪澤蘭宮，為開蘭先賢吳沙所供奉的媽祖，我們向聖母禮敬。同學繼續陪我行走至宜蘭市，不習慣自拍的我，請他幫我拍了旅途中為數不多的行走照片。

在和同學分別後的三十多天裡，我一個人獨力完成旅行。途中遇到腳踏車環島騎士、鄰近村莊的摩托車大叔、自駕小客車司機，好多好多擦身而過的緣分，交遊了萍水相逢的人們，至今想想還真是有趣。

上路後才知道，計畫趕不上變化，旅途中的隨機應變十分重要。那時環島旅行盛行不久，我的行裝上，沒有標示任何「徒步環島」相關字樣，其一是不想過度招搖，另也怕招來心懷不軌的人。

村中雞犬相聞，路上欺善怕惡的狗兒狂吠不放過勢單力薄的我，接下來幾天，常有犬隻尾隨，自以為聰明地添購了蒼蠅拍驅趕，反倒更激怒牠們，只能撐著腳痠邊走邊小跑盡快路過。沿路被犬吠聲迎接入村莊，吸引了在地鄉親的目光，打量著獨身而來的我。沒見過的人，總是會引發大家的好奇，這個人是哪裡來的？來這裡做什麼？

幾位鄉親忍不住詢問：「之前沒見過，妳從哪裡來？」感謝這些問候，解救了被狗兒追逐的我，自此開啟對話。講話是需要訓練的，尤其是面對陌生人，如果不開口詢問，單憑紙上談兵的旅遊手冊，也是寸步難行。

拉著一輛菜籃車，為了減輕身上的負重，卻讓人誤以為我是沿路販售雜貨的小販；穿著反光背心當作安全識別，我又化身為環保稽查員（笑）。

移動新聞台

蚯蚓與蝸牛在水溝蓋上緩緩爬行，水珠從灰暗天空下的山壁上滴落，一輛輛砂石車倏忽駛過。在沒有路肩的車道旁走著，路程中經過幾面「小心落石」的告示，讓我與小拖車的處境更為窘迫。

望著偶然騎經身旁腳踏車騎士們的身影，讓我有了三秒同伴的錯覺，念頭剛升起，馬上被疾駛而過的車輛廢氣給打散了。彎道處難得的路肩，讓緊貼山壁而走的我獲得喘息的機會，只能趁沒車輛經過的空檔，快步前行，就這樣順向、逆向變換了幾次走道後，蘇花公路無法形容的侷促感才終遠去。

幾天後，我坐在臺南鹽水八角樓前的銀峰冰果室，吃著紅豆月見冰和老闆娘閒話家常，她跟我說著八角樓曾經有過的風華，葉氏先祖如何運用智慧營建八角樓的過往。

「欸！聽說蘇花公路又崩了。」

一位路過的阿姨對老闆娘揮了揮手，在我和老闆娘同桌臨著馬路的那頭坐了下來，開始放送本日新聞提要，聽著她播報的同時，我的心涼了一大半。

「路上爬滿蚯蚓，滿目瘡痍，還有遊覽車掉到海裡耶！」

腦中被山壁上滴落的水珠填得滿滿，浮現幾天前順向、逆向變換走道的場景。對於環島途中接收訊息不便的我來說，充分應證了「沒有消息就是好消息」這句話。每當進入店家或與路人交談時，才可獲得這些天最值得討論的新聞話題一二，這次卻如此即時。

梅姬颱風及東北季風所造成的共伴效應，讓臺灣東部有淹水災情，是日颱風已經遠離，天氣也由雨轉陰，災害卻沒因此停止。

連續幾個颱風侵襲，使土石含水量飽和，為了趕行程的陸客團行經蘇花公路時，連人帶車隨著鬆動的路面落了海。我命大地從滴水間走過。

如果有人問我，有哪些事是環島途中值得一提的，行走蘇花最令我難忘，排前三名也不為過。還記得我在自擬的〈九九年環臺圓滿文疏〉中寫到的蘇花經驗，「……左為懸崖、右為峭壁，山路蜿蜒，風強雨急，車輛急駛而過，落石蠢蠢欲動，窘迫逼人，頓感開臺先賢橫渡黑水，篳路藍縷以啟山林之功……」

歷歷在目的場景，字裡行間依舊無法表達我心中感受的千分之一。當初為了感受島嶼而出遠門的我，身陷無法自如運用文字的泥淖中。

但沒有走過，怎麼懂得勇敢？

比我勇敢的女生

徒步環島這年我二十五歲，暫停了研究所學業，延後了去新工作報到。

白鷺鷥闖越平交道，由東部往西飛阡越陌。臺九線上充斥著重機車隊，蘇花路段的飆速砂石車、遊覽車，見怪不怪。我走著走著，在稻穗如浪的臺一九三縣道獲得暫時喘息。車道上騎腳踏車環島的人不少，大多是男生。猛然回頭，一位獨行的女生從後頭趕上了我，看她單車上的裝備應該是在環島，便與她聊起來。

她從臺中出發，相會在我環島旅程的第十天。她訴說著故事。每個來環島的人，心中總有些想法或目標，我們一同穿越了北回歸線兩頭，攝氏〇．〇二度溫差。抵達玉里前我們分別。

往後的日子裡，當我抵達某站暫歇，聽聞著路人向我訴說這位環島騎士昨天在某某育幼院分享，今天在某小鎮打工換宿，持續騎車環島的旅程。身為失親的孩子，為了要鼓勵育幼院童勇於追求自己的夢想，依憑著信仰開始了零元鐵馬環島。她的車輪轉動並沒有因為差點被帶進警局、被認為是騙錢而停止。而我憑藉著積蓄，進行的環島旅程，試想著沒錢就直接坐車回臺北的想法，有形的弊漏在無形的信念前自慚形穢。

在路上，遇到這些人、這些事，讓我看到了無法忘懷人性堅強的一面。路程中，我有忐忑也有不安，但旅程沒有回頭路，前行的路上，彷彿差一步就可以跨盡天涯。

環島完半年，嘉義北門車站前的玉山旅社，我看到了那輛腳踏車，後頭的旗幟上寫著「零元」等字樣，我與她在機緣巧合下給了彼此一個深深的擁抱。

「我正在第二次零元環島，今天到達北門車站，明天要去分享……」那位環島騎士的牙套在木造小樓中閃耀著光芒，昏黃的燈下，訴說著重聚的喜悅。

往後寄來幾封分享會邀約，我回覆了幾張明信片，時空異地未能赴約，但我始終記得，夢想騎士，期待和妳再相會！

第一次有人走路到我們家耶！

走路環島，最難的並不是走路，反倒是住哪？吃哪？這方面的提問也最多。尤其，「欸，妳吃素喔！」關於吃，出發前我設想過很多可能，大不了一碗白飯也可以的，就這樣出了遠門。

「素食可以吃些什麼啊？還有東西可以吃嗎？」

「會營養不良吧！」

「我不吃肉，會發瘋！」

人們似乎對於走路環島又吃素，懷抱著敬畏之心。雖說我吃素的緣由很簡單，但對此穿鑿附會的人很多。

「走路環島又吃素！有許願噢？」

「妳好誠心喔！」

「是信哪個宗教啊？在修行哦？」

小時候看鄰居殺雞，放血後澆上熱水，一陣陣「砰！砰！」的聲響從鐵桶內傳出，直到停止掙扎（有一次還衝出鐵桶子），看著不忍心，加上跟著家裡吃素，日久也成了習慣，原因就這麼簡單。

每次類似的提問，我總是輕描淡寫，微微一笑帶過。

但臺灣美食這麼多，我的飲食習慣已經扣掉大部分了，「還有什麼可以吃啊？」尤其越往南部走，遇到的人總這麼問我。

對於習慣晚起的我來說，一早準時出門極具挑戰。到玉里正是當年的國慶日傍晚，我停在玉里天主堂前，法國籍劉神父在庭院穿梭，並好意收留途經此地的我。

晚餐與歐洲短期來臺拜訪神父的朋友們一同享用，餐後趁著十點前在鎮上晃晃，滿街玉里麵招牌的蹤影，一身疲憊的我，沿街找尋哪裡有素食。這間位於車站前的麵店，外觀上並無特別之處，不速之客的我到來，恰好要打烊。

「哇！好酷！第一次有人走路來我們家耶！」

「我們玉里有三寶，玉里麵、燒仙草、臭豆腐。」經營麵店的母女兩人此起彼落，興奮地說著。

「等下我順路帶妳去買一下就好了。」說著說著還順手開了酒。

參加早晨彌撒後，與神父道別，並寫了張紙條繞回麵店致謝。今天要跨越縣界抵達臺東。相隔數十年，小時候排路隊回家，手要伸得直直向前對準，這次「走路回家」，五味雜陳的想法縈繞心中，更顯近鄉情怯。玉里三寶的美味，也許是關於回家前的一種味道。

想起C姊曾說，「總之，要從A點走回A點，花多久時間，要怎麼繞，一兩個月後見分曉。」

無功受祿的一張發票

在太麻里往金崙山路上坡前的那塊釋迦園，我氣喘吁吁地跑著。

「這我不能收！」

位於金崙溫泉區的某間飯店摺頁中，夾著一張發票。他不願具名，在我請求下在紙卷上只簽了姓氏「詹」，我們分別。

起初，他騎著野狼（摩托車）經過我身旁，好奇地看我拖菜籃車走在馬路上，一問之下才知道我在環島，攀談後他便往前騎，消失了蹤影。與他的小發財（車）相遇約莫是在一、兩個小時後。

「有沒有需要什麼協助啊？」

「我在想要走到金崙或大武？有沒有地方可以住？」

不應聲的他又往前開走了。炙熱陽光下，我不知道走了多久，令人煩躁的農機聲從後頭逼近，在我身旁緩緩停下。

原來又是他。「這間飯店不錯，妳可以去住！」他遞了張飯店摺頁給我。由於考量住宿預算，我連看都沒看，道謝後便不假思索地收入袋中，「答答答答……」由近而遠，目送他駕駛著小農機離去。

回神一想，反正參考一下也無妨地打開摺頁，沒想到裡頭夾了張發票，他到飯店付款後將發票夾在摺頁中遞給我，讓我帶著發票（付款證明）去住宿。我拿到摺頁時，順手放進背包中，沒有馬上發現發票夾在其中，等他走遠了才看到。愣住數秒，我朝著遠處只看得見一小點的農機奔去。

釋迦園裡的小路不知跑了多遠，才在緩坡的樹蔭停了下來。追上時，詹伯伯有點訝異。

「年輕人像妳這樣出來走很少見，這是我可以做的！」

這是環島的第十四天，我在故鄉臺東，素未謀面的伯伯，只知姓詹，不願留下名字，但我記得他的貼心與釋迦園。東部烈日下，暈暈的，不太記得當下的對話。只記得我無功不受祿地再三推託後，最後還是住進了這家他幫我買單的溫泉飯店。看著熱氣蒸騰的泉水湧出，那是旅程中，住最好的一晚。

後來只要回想起這件事，看著他給的那張發票，淚在眼眶中打轉。我能傳遞一點點溫暖、有一些些感受，都要謝謝在背後給我能量的人們。

「請保佑這塊土地上善意的人們平安豐收！」從臺北到臺東，山路到海岸，日光照耀下，海光粼粼，我交疊雙手，緩緩閉上眼，衷心地祈求著。

來住我家吧！

走了這些天，發覺適應天氣的瞬息萬變比走路更困難。上坡、下坡並不難走，難的是時上時下、急緩相間，細雨來作伴的路。

出發前，J友說：「萬事起頭難，頭過身就過，踏出第一步就成功了一半。」

我常想，這麼辛苦做什麼呢？我摸不清頭緒。就像有些食物，很難描摹好吃的感受。懂得許多道理，對於早熟的我來說，並不難，但感受與體會需要一輩子細細品嘗。

前一天還在為往屏東市或東港而煩惱的我，來到抉擇的交叉路口時，毅然決然往左，臺七十二線往東港出發。尋找環島途中的住所已成為每天的習慣，行前雖有先查詢些住宿地點，但有時得臨時變更路線，便會讓一切措手不及。

魚塭在島嶼南方午後和煦的陽光下拍打著水花，很難想像水淹一層樓高的窘境。走這段路，腦中浮現的是一幕幕颱風過境時淹水的景象。上午從枋寮出發，約莫下午時分抵達東港，我的腳步輕鬆不少，住的地方到了再說吧！

「阿姨可以幫我簽一下名嘛！」途經林邊鄉公所，我依慣例攤開紙卷，蓋了章並讓遇見的人們簽完名，詢問前方路況及是否有住處後，繼續旅途。

「不然妳來住我家啦！在東隆宮附近。」阿姨坐在櫃檯內，當下我沒有察覺有何不同，直到站起身，才發現她身體的不便。

「我們南部人比較熱情，妳不要怕！」

我接受了這份善意。往前走到東隆宮等阿姨下班，阿姨拄著拐杖，一擺一擺行走著，心中保有熱情，不被身體的不便所桎梏。託她的福，讓我有一夜安宿。

臨檢警察大人

我不是去報案，又沒犯法，但對我來說，突破進警局的刻板印象需要很大的勇氣。分局、派出所、分駐所、安檢所、消防隊、海巡……各式方圓造形的戳章加起來，幾乎占了環島紙卷接近五分之一篇幅，是我意想不到的收穫。回想起環島的旅程，他們是被我忽略卻又重要的一環。

「妳有沒有數過到底有多少蓋章和簽名呀？」南部某警局的員警們拍攝著蓋章紙卷的同時，不可思議地詢問著：「我們局裡剛維修好幾輛報廢的腳踏車，要不要送妳一輛代步？」

「我退（休）了之後也要像妳一樣走路環島！」東部的原住民員警，已經騎腳踏車環島過一次了，希望他蓋完臺澎金馬警局戳章的願望可以早日實現。

「需要任何協助打電話來，我們（警察）很熟，可以互相支援！」某某長官先簽過名了，引發警員們一陣騷動，此起彼落討論著。聊到一半，一位員警喝口茶起身準備巡邏去，胸口的一線三星在日光下閃耀著，汗光淋漓的在路口，我靜靜走過，代民巡察員警們的表現。

原本設想拜訪許多地方，沒想到在警察局停留的比例反倒最多。旅程期間是我距離警察最近的一段日子，至少不怕被騙，也一改我對警察的刻板印象。

在偏遠地區，警察兼當隔代教養孩童的家教及托育管理員是家常便飯，鄰里間貓狗小事信手拈來，是個有人情味的地方，安定臺灣社會最基層的力量。

一切唯心造

從參與大甲媽祖、白沙屯媽祖進香開始，每一年來來回回西部各鄉鎮好幾趟，途中必停留的休息站，西螺絕對是其中之一，跨越彰化、雲林交界的西螺大橋，來回至少走三遍以上，「再撐一下，抵達就可以休息了。」心中總是這麼想著。

還記得環島的第三天，雖然沒有颱風，但下了我永生難忘的大雨，行程是從礁溪到蘇澳。這天挑戰了身體與心靈的極限。滂沱大雨說來就來，公路上沒幾戶人家及掩護，宣洩不及的暴雨深及腳踝，我硬著頭皮往蘇澳方向行走。書裡繪聲繪影行軍答數的傳說，在路過軍人公墓時，混雜著雨聲，彷彿就在耳際，路開始變得漫長。

我後悔害怕，但無法回頭。偶而來到的車燈，撫平我行走在暗夜的落寞，不過四散的水花並沒有辦法驅除漆黑，反倒讓人更加徬徨，依靠地上的白線行走，我思考著今晚的住宿地點還沒有著落，只能拖著疲累的身體走下去。

「媽祖，媽祖！快來救我，我好害怕。」心心念念，無法減緩我的恐懼。

數十天後微雨的夜，獨自住在西螺老街屋，踏上二樓，舉步間咿咿呀呀的木板聲，彷彿整座房子突然間開始操著不同口音訴說歷史。我躺在床上想起雨夜的獨身而行，離媽祖廟不過兩百多公尺，卻大聲地自言自語起來，自我安慰彷彿有人與我同在這個空間之中，逼迫自己閉上眼，卻害怕到不敢作夢。

「媽祖原先是起源於大陸東南沿海的巫，簡單來說就是巫婆！」大學時期研究神話的教授，在課堂上拋出這句話，深深的烙印在我的腦海中，無法忘懷。

我信了巫婆嗎？

童話中戴著黑尖帽的巫婆，臺式傳說虎姑婆，各式與女巫有關的刻板印象雜揉在腦中，好險數小時後，天照常亮了，我還活著。

「原來害怕黑夜也不過如此吧！」

白天才敢冒出輕藐黑夜的想法。沒有聽到行軍聲，只有自己嚇自己，這種試煉還是不要太多次的好，腦中想起小時候師父教我的，「應觀法界性，一切唯心造。」靠著地球自轉，我僥倖地過了一關。

「勇者在事後害怕。」西方諺語這麼說。

背包客棧牆上那句「沒有行動，等於沒有想法」，烙印在心裡，轉眼已過十三年。我沒有與神明溝通的能力，頂多能感受到媽祖的力量——慈悲的溫暖。是不是巫婆呢？已經不重要了。

有形的神像充其量不過是塊上等木頭，金光閃閃的神尊，並非意味著腳踩步步金蓮，但這塊木頭可能數百年、千年前從這塊土地（或彼岸）生長出來，陪著先祖，或相互攻打的族群，一起飄洋過海、遷徙，到這塊土地安居。

當沒有任何工具時，用走路的本能，開阡越陌。不論是雨天行經左為懸崖、右為峭壁的山路，還是蘇花公路旁的紀念碑，記錄著開路捐軀者的名姓，海潮拍打著，究竟是侵蝕還是撫平傷口，如同一頭猛獸的鼻息，載舟、覆舟，令人不寒而慄。

先祖們為了什麼而來？

在理想與實際行動後，我有了迷惘，不過猶豫與害怕沒有困擾我太久，看了〈臺灣通史序〉，讓環島回來的我很感動。我不是一個勇敢的人，但能走出去的這份勇氣，我想是來自媽祖的庇佑與鼓勵，帶我看遍人間的美好。身體隱約提醒著疲累，但能單純地跟著媽祖婆的足跡而行，忘了路的遠近，也忘記「今夕是何夕」實在是一件單純而美好的事情，好手好腳是很幸運的。

走在用生命開鑿的道路上，路面下一層層時代氛圍交疊著，走路環島看起來也許像放空浪費時間，但又何妨，無非是藉著徒步的形式，淺嚐生命的味道。外界看到的是雕刻精美的神像，但怎麼來的過程，才是整塊木頭的核心價值。

我曾以為，在旅程中可以把一切交給媽祖，殊不知最終還是需要回歸到人本身。

我開始懂得，走在人生的路上，只能依靠自己。一生的負載豈是三言兩語可以說盡。走過、痛過，會明白如何活得更好，人生無非在學習怎麼把路走好。媽祖教我的事無關崇拜，而是慢慢去感受，實踐身為一個人的過程。腳是鐵打的，心是肉做的，面對前方未知的路徑，一步一腳印懷著忐忑的心走了過來。

現在想想，幸虧當時的勇氣，才開出今天的花朵。我開始學會祈求，說出對自己的期許，請媽祖來做見證。身為一個人，感受必須在人群中找尋，身體、心理的脆弱克服了，人生更加圓滿。

從最初的起源，媽祖信仰已經超越了巫，因為人，因為相信，依憑著媽祖的力量互助與相愛，而成為全國信仰。祂陪伴、傾聽，任憑戰爭攻伐、土地過度開發，慈眉善目地看著眾生，媽祖之所以為媽祖，成為母親的集合名詞。

環島旅途中，我將每一間媽祖廟的宮印及紀念章，蓋在相連成卷軸的宣紙上，並請大家簽名留念。

「願妳的信仰，能帶妳渡過一切難關，將美好的回憶，一步一步的，印在人生上。」一位友人這樣寫著。

旅行時如入仙境，旅程結束後回到臺北，如回到凡間後不適應的我，不知凡間幽幽數載已過。這或許像是愛德華．艾比（Edward Abbey）所說，「走路花的時間長一些，因而延長了時間，延長了生命。」

我寫下這些，告訴自己沒白走過。面對人生許多苦難，信仰中人因有寄託比較幸運，相信人的渺小並保有謙卑的心，擁有信心與力量去面對難解的習題。

人一輩子來到世上，帶著必修課，也許是家庭、事業、感情，有心理的、或物質的，許多事未必盡如人意，為了修得一個圓。白天有光明，黑夜有沁涼。白天抑或黑夜，象徵著人生的每一段過程，生命的河持續流淌，藉由這些關卡，看見不一樣的人生風景。換個角度，各有美好。人生就是不斷追尋過去與自我對話、抽絲剝繭的過程，驀然回首，才明白因緣不空過。

近期與友人共乘環島返鄉的路上，述說徒步旅行時的經歷，看著車行過的路段，當初得用數小時，甚至一整天貼著山壁行走，與倏忽疾駛的車輛擦肩而過，生命的積累，數十年如一日的，轉化成創作的靈感及能量，造就了現在。

「從作品中看得出來，妳還保有那份初心，跟著媽祖走啊！」想起友人的指教，看著十多年前作古手機拍攝已然模糊的照片，想起好多往事。擲筊聲打破了夜的寧靜，打開了廟門。旅途中相伴的風雨，啪搭啪搭打在屋頂上、樹梢上，以及整座城鎮，洗好了路。陽光初綻，灑落在緩緩河面上的鱗片好美，彷彿一條巨龍奔騰而去。我願跟隨在媽祖身旁，到稻浪如織、繁花開遍的地方。路是自己選擇的，要靠自己走下去。

不過，不論多遠大的旅行，房租還是要繳的！

「媽祖娘娘您請坐！」——與媽祖的緣分與夢境

躬逢聖誕，在媽祖座前，我默念了幾乎所有認識的人的名字，願大家收到這份祝福。

我靜靜地坐在廟內一角，什麼也不想，看著人潮川流，龍柱張牙舞爪地留不住日落月昇，太陽由東往西。

人聲鼎沸靜止了，微熱的頭頂與肩膀，彷彿是媽祖婆輕撫著我說：「妳來了呀！」側過頭，止不住非悲非喜的淚流。

「媽祖娘娘，總是有很多話只會對祢說，也只有對祢才說得出口，是不是有什麼因緣？」連擲笑筊、笑筊……

「是不是時機到了，我自然會明白。」聖筊！

呼吸著廟裡熟悉的寧靜，似乎我屬於這裡，香煙裊裊直上天際，媽祖粉橘色的臉龐，微笑中帶著天機。

「單純的祈求真美！」H說。

我們不是神，能力還不足以愛世人，但至少可以愛身邊的人。一個人的力量何其有限，難解的人情及答問，在人生每一個轉瞬即逝的過站，讓我能用智慧去解決，靠自己的力量。人的一生不停傳遞與承載著記憶與回憶，帶著堅強的心，祈求媽祖讓我彰顯出信心及勇氣，做身為一個人該做的，其他……無需多求。

逢年過節，會到海山寺、媽祖廟拜拜，這兩座是臺東市的信仰中心。小時候，外婆說我歹么飼，帶去認媽祖婆為乾媽。看著媽媽拿香對著神龕喃喃而語，愛哭愛跟路的我也要拿一支，在偌大的廟宇中走來走去，香頭燙到了香客的衣襬，破洞的漣漪讓我有如發現新大陸般驚奇。

那時媽祖廟尚未整修，廟內熙來攘往的信眾，手持清香在神龕的布幔間，昏暗中形成景深，彷若舞台劇轉場般蒙太奇的手法。敬拜的尾聲，看著媽媽喝下火光在觸水的倒影間消失的符紙，覺得真是神奇，是一場魔術或是法術般，深深吸引著我。

數年後，逢十二年建醮前整修廟宇，六角地磚已換成光滑的大理石，照明系統稱職地光亮。從前到祢跟前，因矮小只對著壁堵空談，長大了卻也是隔著柵欄碎念著。

很多人問我：「妳與媽祖緣分這麼深，有沒有遇過什麼神蹟？」

參加進香活動頭幾年，當時就讀世新大學中文研究所，寓居新店，沒有對外窗的房間，不知黑夜、白天轉換，是我對搬來臺北後，幾經轉折棲身之所的印象。

某天夜裡，躺在床上，香煙裊裊間，金碧輝煌又巨大的身影站在床邊，半夢半醒間我眼睛微微張開。

「媽祖娘娘您請坐！」我躺著，彷彿身心分離似的，意識讓出了床頭的位置。裙襬以上一片光亮。

「沒關係，我站著就好。」夢中的對話是臺語，依稀記得躺著的我以意識說了好多話，媽祖的聲音在彷彿環繞音響中慢慢地回答，雖然醒來就不記得媽祖究竟回答了什麼，我想應該是「天機不可洩漏」！

「我可以摸摸看嗎？」媽祖婆的裙襬，飄逸在床頭上方的位置，裙襬上的龍好真實，我驚異於龍鱗的同時，說了這麼一句。

「可以啊！」媽祖回答。輕觸龍身及鱗片，一片一片觸感好真實。

「時間差不多了。」不知聊了多久，媽祖止住話語。

「恭送聖母！」對話末了，我在媽祖離開的瞬間同時醒來，房間一片漆黑，我看了看鬧鐘，清晨六點鐘。默想著「謝謝媽祖娘娘來看我」。隨即起身開始一天的行程。

從二十五歲徒步環島至今，是啊，什麼力量讓我一直跟隨著媽祖呢？絕不單純只是幾場夢而已。

新聞畫面播出進香路上的暴力場面，媽媽認為危險，一開始瞞著家裡參與，遇到查勤電話要躲到安靜的角落，直到這幾年創作有些成績，才漸漸與家裡分享作品。

媽媽和姑姑提及這段緣分時，母親娓娓道來，我出生前的預知夢境。

胚胎尚未著床前，胎相不穩，母親誦念觀世音菩薩聖號。某天夜裡夢見，菩薩示現夢中，以楊柳枝灑潤，甘露水滴在舌尖，隔天開始便有強烈的孕吐反應，代表我確實地來到人間。

大姑姑說：「有緣分就會再遇到了。」

「朝聖之路不拘泥於信仰，現代的宗教可以用另一種形式轉化。」

「怎麼讓不同宗教、文化背景的人都能認同？我覺得必須要強化這裡頭的人文價值。」

每個人的人生，都有需要面對的課題，只有積極面對，走出一條路，才是活出自我的方式。想起曾經對未來茫茫前路徬徨的我，也求取了來自形而上的建議，而最終是在行動中，找到自己適合的一條路徑。

人們對未知領域的探索，如瞎子摸象般，難以一窺全貌，唯有透過「檢視自己」以及不停地實踐，「為自己的問題找到出口」，才能得到最大的祝福。步履之間，更像是一趟反照自我的心路，學會傾聽與分享，即便不是信徒，無形之中也有如進行心靈淨化般，交感天地間的力量。

夢裡的巨大金人至今仍歷歷在目，觸摸著裙襬上閃耀金色光澤的龍鱗，曾因當時沒看清媽祖的容貌而感到遺憾，卻透過感受畫了祂的百變容顏。

已經很久沒夢到媽祖了，也許夢中沒說完的，才是祂要告訴我的話吧！

因緣不空過，祂已帶領我走在生命道路上，持續耕耘的福氣，因前進而獲得這份幸運。鼓動我跨過生命的限制，擁有一點小幸福，讓我更懂得珍惜現在的所有。從心裡挖掘一點光明，推己及人，彼此鼓勵。

行者無疆，人生，就像一場旅行。願為人間甘露水，別忘了做個溫暖的人！開始做，持續做，便不需在夢裡提點了。

創

PART

2

作

「筆是很有力量的。」——手繪媽祖，出版《作度人舟》作品集

環島旅行開始，我沿路蒐集媽祖的周邊小物，每到一廟，拍張媽祖神像的照片、舀一匙香火、求一張平安符，如果得到同意蓋上宮廟的印章，這些憑證成為旅行的印記。蒐集久了，我想著為什麼不用自己的方式做做看呢？

一直以來，憑著對世界的好奇，開啟一段段生命旅程。我想我可以藉由圖像傳遞、身體力行與時間的沉澱，在心的寧靜中找回自己的本來面目，去尋找人生不是唯一的答案。

於是我開始在六張犁寓所的斗室房間中，以代針筆、圖畫紙（有時是使用信手拈來的便條紙）繪製黑白線稿。

我的第一幅作品有三尊，來自原生家庭佛教的釋迦牟尼佛，與聖母媽祖的緣分，及就讀教會學校感受到上帝的眷顧，三位跨宗教人物的概念呈現。後來因繪製媽祖較

有感覺，便專以祂為主角。

開始畫圖的時候，不太會畫人像，走在街上時藉著觀察每個人的臉部表情、動作、聲音搭配組合，是靈感泉源也是城市中的風景。

「Q版媽祖看起來討喜，但個性不夠明顯，好像通用在各個廟宇都可以，如果我朝這風格一直畫下去，或許可以以聯名製作周邊商品的方式走得更廣，這樣好嗎？每座宮廟的媽祖都有祂們的造型與故事，地域也不相同，我該重視的不只是這幅畫受不受歡迎，而是有沒有忠實地在線條中表現這尊媽祖的形象與特色。」繪製想像中的媽祖，大概進行到十幅作品左右，想突破線條的限制，便翻看起環島時拍攝的媽祖照片。

從前總認為媽祖是同一個形象，細細觀之，特色各有不同。臺灣大部分的媽祖神像，清代以前身形較為修長，推測是開墾初期從原鄉請來船頭媽，神尊迷你便於恭請；待落地生根社會穩定，雕刻材料的方便運用，造型漸漸豐腴，有母親之感。

神尊的呈現多元，外型大致可分為硬身神像與軟身神像兩種，硬身神像是由整塊木頭雕製而成，造型大概不難理解；軟身神像於四肢關節處運用卡榫活動（大概類似芭比娃娃的概念），同樣尺寸的軟身神像與硬身神像相較，運用的材料相對經濟些，也有造像擬人、肉身菩薩成道、便於恭請等各種說法，這些神像都是我繪畫的對象。

很多人問我：「畫一幅畫需要多長時間？」

老實說，我畫很快，可能一至兩天就可以完成，花最多時間的是構圖，少則一週，有時候邊畫邊修，可能運用數週時間。繪畫時是與內心展開對話的時機，每一幅作品，構思再三，避免色彩干擾了線條的美感，一直維持黑白色調，力求線條確實，用更多時間繪製細節，神韻呈現莊嚴而不媚。筆法可能不是最好，也沒有什麼訣竅，用時間磨練，在線條間安住自己的心。

很多人看到我畫的媽祖圖像時，覺得內心平靜及熟悉，那是因為我已把人生許多需要緩衝時間來咀嚼、面對的難題，先寄放在媽祖那裡，形神合一，自然會被觸動。

不過，菩薩從不是因外相，或依附金銀銅木等任何物質而存在，秉持的是信念與慈悲。「爲治一切心」，更是訓練耐心及調伏自我的過程。「若見諸相非相，即見如來」，媽祖的面容各個不同，但皆擁有普濟群生與在地情感的慈悲心，人神交會的靈感，呈現不同的造型與神韻，是我生命及創作的老師，也可以說是朝夕相處的夥伴。

「如果不是沉著自心，學習忍耐，我不可能堅強！」我並不是一直都很幸運，只是持續創作著，得到許多鼓勵與指教。媽祖給我的啟示，不是憧憬不著邊際的美夢，而是踏踏實實生活著。沒有很快實現我的心願，而是在等待中磨練心志，總是能激發些不同的想法。

十多年前，我曾許下諾言，要一輩子做媽祖的腳力，秉持其信念而行。願我能懷抱不忮不求的心念，繼續前進！

現代社會匆匆忙忙，往往忘記了神明的存在，以繪畫的方式珍惜先祖留下、名為「信仰」的寶物，透過不論實體的作品，或是發布在虛擬的網路上，願法相流布，觀者升起恭敬、歡喜之心，傳遞正向能量。

我將二〇一九年自行出版的作品集命名為《作度人舟》，英文意譯為 Giver of Courage，是「施無畏者」的意思。

《般若經》中提到，菩薩因眾生而生大悲心，因大悲心長養菩提，因菩提成就佛道。慈悲心，實為成就菩薩道的必要條件。「大悲心」是不捨眾生，從根本上拔除痛苦而解脫的心念，是成就所有善業的基礎，也是富足現代社會貧窮人心的藥方。

人類是群體社會，我們彼此承載著心念、理想共生。不僅被給與，還適時地給與。

西方寓言中有一艘諾亞方舟，東方世界以「心船」為譬喻，乘坐著般若智慧之船，心寬船亦大，渡過煩惱、生死大海，抵達彼岸！

這本作品集集結了從二〇一〇年徒步環島後，開始繪製的媽祖畫像，至二〇一九年出版，收錄約一百二十幅作品。上午九時開始印製，約莫兩小時印製完成，再送往艋舺裝訂經摺頁的廠商處，由經驗老道的阿姨黏貼摺頁，每個步驟由不同的廠商經手，印務將裝訂好的兩本樣本先送來給我，還記得見到作品集時，一頁頁翻閱著，忐忑的心情。

世界上有些國家以宗教結合觀光為主題，作為旅行的路線。臺灣也有一位看顧這塊土地的女神——媽祖，見證了風起雲湧四百年⋯⋯

我將作品集中的每幅媽祖作品製作成印章，結合「天后領軍，藝術遶境」集章活動，每顆印章上除了媽祖圖像，還有一句《媽祖經》的經文，從四無量心起頭、祈請、偈文、贊文，將它們放置於環繞臺、澎、金、馬的藝文及旅行空間，集完章等於繞行一周，是一條心靈的環島之路。

透過媽祖像的繪畫及行動，重新找回人、神、土地之間的連結。媽祖不僅是宗教領袖，更是人類與海洋、土地、文化、歷史、生活關懷的具體連結，省視我們的文化底蘊，看見島嶼的美好，得到撫慰與平安。

為了怕自己忘記旅途上的感受，也因當時在博物館上班的緣故，二〇一三年媽祖誕辰，我在臺北市的紀州庵文學森林，辦了第一場展覽，名為「跟著媽祖去環島——圖文創作攝影展」，展出初期的手繪作品、文字書寫、兩次環島旅途中蒐集的小物，以及聯合兩位攝影師阿勳、小魏的作品。

第二次徒步環島是跟著新港奉天宮在二〇一一年舉辦的百年心香路活動，正好與自行徒步環島旅行相隔整整一年，跟著廟宇團體行動與自己獨行喃喃對話，應該會有不同的感受吧，機緣巧合得知行程便跟上了這趟旅行。

阿勳是我在旅途上認識的攝影師，傳承自爺爺、父親到他，三代相傳的東洋照相館，現在依然屹立奉天宮廟前為大家服務。（現任嘉義縣長的選舉公報大頭照是他拍的，可見多威！）

我屬於慢熱分子，並不是一開始就會跟大家混熟，但旅途中締結的緣分一直持續到現在，我們都是「暗光鳥」，工作到深夜，常閒聊提振精神，每年當我跟著大甲媽祖南下進香到新港相會，在工作檯上的他，會抽空跟我碎唸生活瑣事，也是一期一會香友的浪漫。

後來在新港建醮期間，我因當志工請著慈藝媽祖一起寄宿在好友盈縈家，請阿動來幫媽祖拍照，介紹住在廟前、廟後卻素不相識的兩人，熟識後相談甚歡，不到一個月結為連理，有時候事情的發展真的是始料未及地快速，我當了現成的媒人（應該是媽祖才對），也認了他們的兒女為乾女兒、乾兒子，是一場速成的親緣。

手繪媽祖的作品隨著歲月積累，從二〇一三年舉辦系列展出至今，巡迴雙北市、新竹市、苗栗市、臺中大甲、彰化鹿港、雲林北港、臺南市、臺東市、花蓮市、澎湖馬公、馬祖南竿，諸如朋友新店開幕的邀展，藝文空間、書店檔期多場展出，每邀必與，幾年下來幾乎沒停歇，雖然提供預算不多（作品寄送、車資等），沒在精算裱框費、場勘、布置等幕後籌畫的成本費用。

當時有兼差的我，總認為在自己還過得去的狀態，請著媽祖畫作到各地與眾人結緣，是不錯的交流。

曾有人問我，展覽要吸引什麼族群的人看呢？媽祖這個主題，會不會只吸引年紀較長的阿伯、阿姨，或是信徒呢？

「我環島的主題是走年輕人路線耶！」我很樂觀地回答。心中早已打定主意，因此常自圓其說：「展覽是要獻給媽祖婆的，人多人少不要緊。」但不論人數多寡，支出還是必要的。

籌畫伊始，我開始不赴飯局，吃省錢便當，少買衣服及日用品，變賣書籍、雜物，做點資源回收，找展覽中可以被重覆使用的素材，如果不小心被發現了展板後的斑斕圖案，那就是一點端倪。從構思、策畫、展品，無非都是經我之手（畫作上色、輸出排版是夥伴的協助），一件件畫出、製作出的說明牌和展示牌，媽祖像的印製與裁切，都是跟隨媽祖數年間能量的呈現。展覽經費是日月累積來的，所幸開幕在即，一群好朋友們傾囊相助，成功地呈現在大家的面前，沒有神蹟示現而財源滾滾的奇事，分分毫毫都是來自敬獻聖母的初衷。

近幾年，神明圖像的使用，從傳統的相片、國畫風格，逐漸轉變為Q版化、漫畫插畫的趨勢，多元紛呈。我的手繪畫作也趕上了這一波風潮，曾有廠商詢問是否可以將畫作印製在周邊商品或結緣品上，諸如：近幾年大量使用的口罩、咖啡外帶杯等。作品能夠被賞識，是一件開心的事，尤其跟知名廠商合作，代表這份用心被看見。

不過一旦想到媽祖畫像在物件被使用過後，隨著廢棄物一同被拋棄，一次性的使用於環保無益，不僅製造了環境的負擔，更是對作品的不尊重，不敢想像作品混雜在無以名狀的塵土中，那將會是一場上千上萬份災難的複製，我就於心不忍地拒絕了。（感謝廠商欣賞作品，我可能也是廠商眼中不好合作的創作者吧！）

很多朋友替我憂心，畫作發表後有沒有被複製或盜用的問題？公開發表後，不論紙本或網路，即享有著作權法的保護，未經口頭或書面授權（即使不知道創作者是誰），是不能隨意使用的，正如不會吃來路不明的藥一樣。

前幾年曾發生先斬後奏的使用行為，當下要向對方表達嚴正的立場，保護作品以防不適當的使用。近來作品意識漸抬頭，較少發生這樣的情況了。

我也曾陷於是否銷售作品的泥淖中，「我怎麼可以將信仰販售呢？」「總不能一直靠親友傾囊支持吧！」心中掙扎想著。

漸漸地成為一位獨立創作者後，以平易近人的推廣價讓收益回流延續創作，觀者不僅可以以購買周邊商品的方式支持創作，也收藏了用心製作的作品。

「希望創作靈感源源不絕、涓滴成海，這份能量在各地，溫暖人間。藉由現代媒材的轉譯，一步一腳印地，跨越地域、族群、年齡，來弘揚祢的精神，傳遞聖母的祝福，廣結善緣。」我不是個天生聰明的人，許多感知是從繪畫及旅行中一點一滴感受而來，可以用「由定生慧」來形容吧！某次畫圖到一個段落，突然之間靈光乍現，彷彿線頭被接通，是一步步持之以恆而來的收穫。

曾有老師告訴我，「筆是很有力量的。」起初我不解其意。直到筆尖化為支持我的力量，才曉得老師教導的道理。

住在濁水溪邊的當地村民說：「要將妳繪製的媽祖像護貝放在廳頭，不要小看薄薄的一張紙，這些畫作一化百、百化千、化身千千萬萬，對於神聖的心念，是很有分量的。」每次在畫作中得到的反饋，沒有讓我失望。

我所畫的圖像，沒有什麼特別，因為祢，有了這十多年豐富多彩的日子，未來，我還是會好好畫畫，並且請您一同遊歷四方。獻給您的展出，祈請您守護豐美島嶼上的一切有情，得您慈悲與智慧的灑潤，願我們的國家風雨順時，穀豐民安，經歷不盡人意的事，都能化作勇氣與堅強，成為繼續前進的動力，並願世界和平，山海安寧。

「藏諸名山，傳之其人」，在提起筆、踏出門戶那刻，譜成共同的生命之路，好好地呈現，作品會說話的，見證著時代，給已來、未來的知音。細水長流、涓滴成海，十年磨一劍，如實明瞭自心。安業、樂道，是祢給我最大的神蹟！我將畫作供奉在媽祖座前，默默祝禱著。

「就像媽祖來到我家一樣！」——關於《臺灣媽祖曆》計畫

距今一百三十多年前（清光緒十四年，一八八八年）的臺北府城，曾經有間由臺灣首任巡撫劉銘傳啟建的天后宮，原址約位於現今臺灣博物館後方。正殿的金面媽祖在日治大正二年（一九一三年），由三芝（今新北市三芝區）庄民迎請至大正六年啟建的福成宮供奉。

二〇〇四年，臺北建城一百二十週年，由臺灣省城隍廟及各界人士一同發起，恭迎清臺北府城大天后宮金面媽祖回鑾臺北城。媽祖由保有碉堡式城門風貌的國定古蹟承恩門（北門）入城，回鑾位於臺博館的原廟址，沿續至今。不論政權更迭，春來秋往，媽祖依舊慈悲凝視，香煙裊裊連結著，北臺灣古今信仰的歷史脈絡，再現百年風華！

恭迎媽祖回鑾臺北城，每年約於農曆八月舉辦，我自學生時期，便從新北市（當時是臺北縣）搭乘捷運，再步行至北門城下相迎，沒想到如今因出版作品的關係，每年年末時常駐臺北，日日往返城內城外，成為每天的儀式感。

一到年末，乍暖還寒。

捷運的催促聲響，從此站到彼岸，眾人亦步亦趨接力行走著，累積多個年頭的回憶書頁，隨著冷冽的風起翻動著。

學生時代寓居臺北，我也曾經是趕場跑趴的一員，從迎接元旦倒數計時起，第一場趕了演唱會，緊接著到西門町的ＫＴＶ為壽星唱生日快樂歌，關鍵時刻回到臺北一〇一天空下，觀賞絢爛的煙火。

記得有一年陽明山下了冰霰，福隆沙灘連續兩年看不到日出，清晨時分趕上總統府前升旗典禮，卻冷到省略了舉手禮，轉眼數年過去。當時的行程填滿了生活中的空白，卻不如今日築夢創作來得踏實。

現在通訊，比起以往方便許多，縱使便利，成長的過程中，還是常遺落些什麼。隨著年歲擦身而過的人們，平時各自忙碌，時間、空間拉開了彼此的距離，許多朋友好久好久沒相見了。偶爾傳一下訊息更新近況，貼心遙寄祝福，不論身處何方，著實都不容易啊！

因為疫情，打亂了既定計畫，卻讓我對於生命的省思成長不少，又更認識自己一些。這些年，嘗試實踐一條不同以往的創作道路，相對自由卻也隱藏著不穩定，每當走走停停，游移於自我肯定與摸索間，看著一則則祝福的留言，心頭暖意無限，如人飲水點滴在心。

二〇二三年的日子還沒過完，明年度的行程已大致排滿。這幾年暫居臺北製作作品的時候，輪流寄住於土城、新店、蘆洲等地的友人家，他們是我的home爸、home媽、home姊，因此解鎖了各處進臺北城的路線。

每日出門第一件事是搭公車，從居所到工作室，我通常坐在面東的後座靠窗第二排，穿越街巷的一半路程會照到陽光。

這天，公車司機暫緩飆速，因為車上搭載了一位稀客，待我落坐後才前駛，祂吸引著陸陸續續上車乘客的目光，因懷中抱著我供奉的慈藝媽祖，阿姨讓我先坐。媽祖婆跟著朱朱行走天涯，年末《臺灣媽祖曆》製作忙碌，唯一沒有請祂去過大稻埕的工作室。

公車開到終站，剩下我一個人隨日光推移搖晃著。鄰近北門郵局的撫臺街洋樓站牌是終站，大部分的乘客在西門市場下車，博愛路站過後，偌大的車廂只有我與司機共乘，到站後刷了卡，從後門處向他致意後下車。

請著媽祖穿越北門出城到工作室監工，我也是往返大稻埕工作的一員呀！緩步出城前，在北門口買杯冷泡茶，每日必須，啜飲間唱起童謠，總會莞爾一笑：「城門城門雞蛋糕，三十六把刀，騎白馬，帶把刀，走進城門滑一跤。」

從公車站走四百步穿越北門出城，往左前方一百步抵達鐵道部，第八百五十步福聚宮前脫帽，向伯公（土地公）禮敬致意，茶郊媽祖位於一千一百五十步的茶商公會，和德祠伯公坐鎮甘谷街尾端的T字路口將近兩百年，若再往前走南京西路右轉一千三百八十五步是法主公廟，工作室需左彎，步上階梯後，喘口氣就坐，開始一天的行程。

臺北故事館原名「圓山別莊」，是由大稻埕茶商陳朝駿先生起造於一九一三年，外觀為半木結構都鐸式建築，內部空間為和洋混合，作為招待賓客品賞茶飲及遊覽基隆河岸優美環境之所，能夠在日治時期的敕使街道，臺灣神社下方建造這棟建築，想必當時出入此地冠蓋雲集於一時，也是茶葉風華時代的見證吧！

二〇一〇年底，徒步環島後，我到臺北故事館任職，曾在展覽資料中，見到簡略提及茶郊媽祖的相關條目，心想有朝一日，一定可以見到這尊媽祖的。

二〇一七年，在貓空「冬至迎茶神」的活動上，第一次見到「茶郊媽祖」，當時便對這尊供奉於茶商公會內的媽祖，十分好奇。茶葉，除了是重要的經濟作物，古早跑遠洋的船員，長時間在海上，沒有充分新鮮蔬果的即時供給，補充微量元素的重要食材，除了豆芽便是茶葉。我在《臺灣媽祖曆二〇二三》寫下：「茶郊『永和興』於一八八九年成立以來，即奉祀茶商守護神『茶郊媽祖』，祈求航海安全、商業發展。以茶神陸羽誕辰日（農曆九月廿二）為卜選爐主及過爐祭典日期。」

二〇一九年夏秋之際，我前往臺北拜訪工作室落腳於大稻埕的惠瑩，她曾是我在故事館上班時期的同事，我是展場導覽員、她是設計師，當時的交集僅止於工作上，這段緣分並沒有因離開故事館畫上休止符，後續在幾場展覽上合作，有了更多的對話及交流。

我帶著媽祖月曆的構想，前往位於南京西路街巷間的工作室，這是一間建築師事務所，樓主是曉萱、小藍兩位建築師，惠瑩分租其中一個位置，以共同工作室的概念，經營著她的小天地。

手繪媽祖月曆誕生之前，已有許多日曆、月曆風起雲湧，這幾年材質、尺寸更是推陳出新，我想是大眾追尋實體承載的雋永及對設計的期待。紙本在現代生活中，已逐漸被數位取代，但手感溫度的傳遞無分遠近內外。我們在閒聊間開啟了臺灣媽祖月曆的第一年，由我負責田野資料蒐集、繪製媽祖圖像、行銷接洽，她負責圖像上色、設計、排版。

二〇二〇年，手繪媽祖群像也加入了這波月曆海嘯中，在強勢行銷、結緣品環伺中占有一席之地。我將數年來累積的作品逐一整理作為開端，並以每年不同主題輪流的方式，新繪製各地十二幅媽祖圖像，歷經三個半月手繪各地具特色的媽祖神像，當作自己田野調查、繪圖的進度。祂們是陪伴在地鄉親深耕百年的大家長，手繪線稿佐以選用來自日本的孔版印刷色彩及紙材作為載體，螢光色的呈現，多了些不同以往宗教上慣用的色彩印象。

製作的每個小細節用心，希望在保有信仰本質的前提下，以設計及現代媒材轉譯，將信仰文化為核心的作品，推廣給更多人看見。

這些年參與以徒步為主，被登錄為國定民俗、各縣市無形文化資產及具地方脈絡的媽祖系列活動（進香紀錄的延伸），十多年來拜訪媽祖的紀錄，以農曆日期排列，時序自臘月十五的白沙屯媽祖進香筊筶起，一直到冬至前舉行的彰化新港十八庄送大爐，特殊節慶比如：二月二龍抬頭、六月六天貺節，一一羅列內文中，這些傳統節日的習俗，在現代社會中漸漸被淡忘了——是不是只記得耶誕節交換禮物、萬聖節扮裝？

除了自己以儀式感的方式過節，在月曆中搭配媽祖群像呈現並記錄下來，從文案撰寫、資料校對，以完整作品的概念來規畫，也許在各地有志一同的香友們，一起遙相呼應、共襄盛舉。

「這份月曆真精緻，圖像、用色以及包裝很用心，正向的能量就像媽祖來到我家一樣！」一位阿姨說。

這幾年創作之路的腳步未停歇，月曆的主題愈發明確，在層層疊疊的時代脈絡中，由自身文化出發，呈現島嶼媽祖多元的樣貌。

二〇二二年，駐臺日本記者片倉真理女士評選《臺灣媽祖曆》爲「臺灣五美月曆」，雖然我們素未謀面，去來皆以電子郵件通信，感謝她對作品的賞識及肯定。

我是個愛集戳章的人，到各地旅遊寫張明信片給自己，郵局蓋上郵戳寄出，學生時代，購入片倉佳史老師所著《臺灣風景印》、《臺灣日治時代遺跡》等書。這些書籍陪伴我從板橋、新店再搬回臺東，時不時翻閱，回想往日情懷。在某日寄送月曆的空檔，幸運地與片倉夫婦在大稻埕相遇。

「日本很多人喜歡手繪媽祖的作品。」一見面的第一句話，我們相互分享著。我向他們介紹了這幾年創作的作品，片倉老師對《作度人舟》作品集很感興趣，這本書集印發想源自日本四國遍路周遊的概念，我還不忘稱贈書為「御接待」與他分享。

日本很多地方並不一定有奉祀媽祖，不過聖母聖像藉由手繪作品飄洋過海巡遊日本，沖繩、名古屋、橫濱、高松、兵庫、千葉、大阪、東京、熊本、埼玉、松山、青森、三重等地，在小規模的自力製作、經營之下，作品能跨越海洋與國度被大家欣賞，實在是一件很幸運的事。

每逢年末進行媽祖月曆的製作時，我便會「寄生」在大稻埕。每每路過甘谷街茶商公會門口，想起茶郊媽祖的慈眉垂目，便會向樓上點個頭問好。二〇二三年的《臺灣媽祖曆》，以守護各行各業的郊行媽祖作為繪製主題，總算能一圓為聖母畫像的心願。月曆製作完成的落雨午後，信步前往公會，將作品翻至茶郊媽祖聖像頁，恭請聖母鑑賞。

歸程踏上夜路，自踏出工作室的第一階，開始倒數一千八百五十步奔向城內，東北季風的涼意應和著陰雨襲來，縱使雨停潮溼感依舊，趕得及北門郵局九點結束營業前寄出一批作品。

寄件後即將到站的末班公車，是最後的挑戰，三、二、一……踏上公車那一刻，總算鬆了一口氣。

回程再搖搖擺擺一小時車程，每日日常。一年又悄悄過去，細數這些年的成長與歷練，無論晴雨步履不停歇地南北走動，想必媽祖婆都看在眼裡吧！

在臺北製作作品的這個月，也是年末生日期間，我通常過農曆生日。往年生日這天，不會安排工作，放自己一天假，前往常去的幾間廟拜拜，感謝照顧。

這幾年年底忙碌，作品持續趕工，趁著工作空檔抽些時間到媽祖廟祈福，是儀式感，也是讓自己在水泥叢林中，得到一個放空喘息的空間。

生日前夜，忙了一個段落，腦中邊想著採買清單，一邊漫行至永樂市場周邊，打開腦中一期一會的記憶地圖，去年此時也在附近步行，彷彿剛離開不久，白駒過隙如此匆匆。

我挑了幾款花卉詢問老闆娘時價，「晚香玉」——在印度有「夜晚的女王」之稱，雖然常以陪襯群芳的姿態出現，悠遠的清香及淡雅微黃色，往往吸引我的目光，特別喜歡，也許可以附會解釋我的創作之路「晚成」吧，老闆娘說：「搭個百合吧，更加圓滿！」

我將《臺灣媽祖曆》新作包裝好，封口處貼上圓滿的金色貼紙，封套紅中帶著纖維的觸感我很喜歡，帶上花束、點心，騎 Ubike 從大稻埕出發，經北門進臺北城，由西門出，至臺北天后宮，敬供媽祖娘娘及眾神鑑賞，廟內熙來攘往、絡繹不絕的人潮，禱告神庥，讓身心暫歇。

前身為艋舺新興宮的臺北天后宮，現址原為日本時代的弘法寺，宮內至今保有空海大師聖像及石佛數尊，彷佛置身臺日百年歷史走廊，漫步其間懷想起至日本四國巡禮八十八佛所，自助旅行一個月的時光。

時序推進著旅程，如同候鳥般一站過一站，想像作品的呈現如何漸臻完美，下一個計畫如何如何，卻沒意識到年歲漸長，只願心能停留在對許多事情抱持著好奇及新鮮感的二十出頭歲，體會幾許孔老夫子「樂以忘憂」的境界。

一步一步向前，一千八百五十、一萬八千五百、十八萬五千步，人生道路的地磚一塊塊踏實走穩，堅持目標及方向，點點滴滴，持續前進總會抵達的。

我在神前許了三個願望，與往年沒有太大不同，許多一一實現了，也帶著對未來的盼望：「願在每段生命歷程中，常保光明的心地，面對人生可預期或不可預期的挑戰，前進的路上順遂如願。不論身在何處，與人結良善之緣，得到生命中的智慧寶藏，正向的心念必將引領諸事如意，並且長成自己的樣子。挫折難免，想得總是比實際執行困難一些，縱使遇到小波折，也能擁有智慧迎刃而解。

再願創作靈感源源不絕、涓滴成海，不論虛擬的網路世界，或是實體的畫作呈現，藉由現代媒材轉譯，跨越地域、族群、年齡，傳遞媽祖婆的祝福，也願這些作品在在處處，藉著聖母的光輝，帶來正向的能量。

遠方的煙硝一波未平，一波又起，期盼和平的願望總是與現實的苦難若即若離，願生者得安穩處，逝者往極樂國，面對喜樂悲傷，都能得到善與祝福，彰顯心的光明力量。」

年末生日有個好處，可以為當年總結，也為來年祝福。我想起十數年前開始追尋媽祖旅行的契機，一直持續創作至今，作品有露出的機會，著實感謝一路以來所遇及鼓勵我的人們。在縫隙的微光中正向固執的前進著，也能活得深刻，是開心的！

我的故鄉鹿野龍田村，以福鹿茶聞名，近期培育出的紅烏龍茶，更是茶客的新寵。繪圖配茶，是午後的習慣，為此買了一支側把壺，它有著透明地壺身、木質微彎握把，將一小匙茶葉放入壺中沖進熱水，茶葉緩緩舒展開來。

我不太喜歡使用茶漏，侷限茶葉伸展的姿態，壺水由透明舞動至茶色醇厚，看著看著出了神。常常畫一段落，茶就涼了，但它們漂浮、無損滋味的伸展開來，就像人生一步一腳印前行，點點滴滴回甘，是自由的茶。

壺中茶的翠綠由底層漸次暈染、擴展，我想起故鄉初雨的朦朧，隨著清風吹拂，由遠而近飄緲而來，籠罩半遮面的都蘭山、五指山。人生在世如行舟，航行在阡陌縱橫的心田，耕耘著時間、醞釀帶有尾韻的甘醇，由茶鄉到茶葉集散地，喃喃唸起不解之緣，飲一口故鄉的滋味抵達理想的彼岸，點滴在心，媽祖知……

「妳把這裡當成是妳在臺北的家，有空就回來住，不要客氣！」home 爸說。

「妳是我們的 parter 耶！」小藍說。

感謝天地滋養、父母親長養育，眾緣成就及一路以來的支持與照顧，往年時序的雨水澆灌今日暖陽，祈願藉著佛光，成為人間溫暖的力量。

小時候的童謠，實際上是這樣唱的：「城門城門幾丈高，三十六丈高。騎大馬，帶把刀，城門底下走一遭。」一步步踏實走著，風雨過後，定會天清，「進城出城，順風逆風走一遭，鐵定不滑跤！」

駐

PART
3

地

「只有阿嬤可以請我喝三合一咖啡。」——新北瑞芳黃金博物館駐村

對一個初出茅廬的創作者來說，非科班出身、只是單純喜歡畫畫如我，鼓勵是重要的。

當時的我應邀畫了一幅以臺北故事館及中山北路（日治時期的敕使街道）周邊延伸的散步地圖，名為「作家帶你遊圓山」，圖面東至林安泰古厝、林森北路，西及延平北路上的老師府（陳悅記祖宅），北為劍潭山、圓山大飯店，南至臺北之家、南京西路，舉凡藝文據點、美食小吃等羅列其上，雖是初出茅廬的小作品，卻開啟了我每到一城鎮駐村，對地域環境有初步的概念，畫一幅散步地圖的慣例。

我從幸佑（時任故事館副總監）手上接過申請表格，想著試一試也無妨的將小插圖集結，投遞出了沒有什麼資歷的履歷處女秀，帶著一些好奇，一些想像，黃金博物館首次招募「樂活創意家」，我被錄取了！

第一次到金瓜石駐村是二〇一二年秋天，為期一個月，從臺北坐車得花一個半小時至兩個小時抵達山上，當時我四天在臺北故事館上班，三天駐村，上山、下山相互調配的日子成為生活寫照，往後每一年都會回來山上小住，甚至住盡春夏秋冬。

前兩次駐村時序在夏秋之際，天氣帶著微熱與涼意，還算舒適。第三次時值冬季，常常連下數日雨，才微露日光，暖意未來，隨即又雲霧籠罩。

大家對金瓜石可能沒什麼地理概念，知道是採金的地方，很多人誤以為是在金山、萬里那個方向，但說到九份話匣子就開了，知名的影視場景，總是能喚起大家的回憶。不過我通常是不逛九份的，除非陪慕名而來的朋友們逛逛；我更喜歡隔著雞籠山另一頭的金瓜石。從二連棟宿舍，走兩千六百三十步到勸濟堂（祈堂廟），向恩主公上香，是每日的習慣。

在曲巷清幽的石階轉角，傳來陣陣日本小調，悠淡而恬靜，享受安閒自得在錯綜複雜的巷弄間。日光隨著遊客來去而升落，有時候被遊客嬉鬧的聲音打亂了思緒，「全盛時期，有數十、二十、乃至三十萬人群居山間，山上可是擠了上萬人呀！現在遊街的人們，是當初的百分之幾而已」，昨日繁華的街道，今日凋零的老街，我安慰自己，希望它保有純樸的味道，而不是做條人云亦云的老街。

那陣子遊客以校外教學、畢業旅行的學生居多，或是從中、日、韓、港、澳而來，口音立判，我開始享受解謎口音的樂趣。

清晨日光照耀進窗櫺，我就醒了。原本慶幸氣象預報被罵翻天，讓我偷得兩日晴空，不料午後霧氣一來，整座山頭瞬間變了顏色。連日來的微雨，滴滴答答聲使沒有擺設時鐘的屋內顯得急迫，這幾年山上已較少降雨，路邊的野薑花稀稀疏疏地開了幾朵聊表心意。雨絲帶來消息，彷彿日光暫且囚禁，曲巷通幽有秋風秋雨的浪漫襲來。

如是我聞，瓜山時晴，這裡的天氣，三百六十天是一個顏色，除了秋色，還是秋色，微微的細雨落下，暈濕了歷史，分不清是大正還是昭和。

山居人物群像

一九八七年經營金瓜石礦山約四十年的臺金公司結束營運，礦區由臺糖公司接手。

每週二、四上午是臺糖先生固定的巡山日，駐地的兩位職員顏先生與盧先生，會由一位在地嚮導陪同，通常三至四人一組，分區輪流巡視礦坑，看看坑口的告示及柵欄是否完整。

沒有下雨又爬得起來的日子，我會陪著一起去巡山。我手腳並用地爬上山頭，看看不同的地景風貌，有時真擔心上得去、下不來。

他們向我介紹哪些地質銅礦多，有些則是金礦產出較多，每座山頭都有自己的特色與故事，實地教學的地質科學課。隨著資深員工屆齡退休，駐山工作站熄燈，巡山的記憶已成絕響。

這段日子也是我頻繁進出派出所的時期。山上買菜不易，除了上午七點由遠而近的行動菜車晨喚，經黃金博物館大門，遶行五號寮至勸濟堂，我跟著主婦們湊熱鬧，看看大家買了些什麼。從生鮮蔬果、五金雜貨到日用品，菜車上應有盡有，滿足了山村遺世獨立的小確幸。

派出所警員看我每天不是下瑞芳買菜，就是湊菜車熱鬧，不時還得到秀琴阿嬤的簌仔店補貨，便邀約我加入他們四菜一湯的世界，每日中午、傍晚與駐守的員警一同用餐。

偶而清晨時分，我還會陪所長到水湳洞漁港釣魚。駐村的最後一個月，他說我已經繳過錢了，故意不收我餐費，都讓我對平時敬而遠之的警察，扭轉了刻板印象。

午後，內九份溪的洶湧波濤伴隨著樂曲聲繚繞在祈堂老街，從金瓜石派出所右前樓梯下行，鄰近溪邊的幾戶人家，有一間從日治昭和年間屹立至今的簸仔店，我常在午後到訪，電視機傳來歌仔戲的演唱聲，秀琴阿嬤歪著頭靠在牆上，午覺配電視。

「妳最近死到哪裡去了啊，怎麼這麼久沒來，又到南部去了嗎？以後妳到山上就來陪我住。我最近腰痠，腳力也不好，明天要去看醫生，後天來找我拿滷蛋。」她拿出威化餅乾，再泡了一杯咖啡請我，餅乾放在剛泡好的咖啡杯上，霧氣蒸得酥軟放入口中，再配口三合一咖啡，一下午陪阿嬤看電視，有一搭沒一搭地聊著天。平常我習慣喝黑咖啡，「只有阿嬤可以請我喝三合一。」我笑說。

「今天又沒什麼客人了。」有時候阿嬤會望著門口發呆，待我抵達後跟我分享今天的業績，我會跟阿嬤多買幾罐八寶粥當消夜，幫她衝一下營業額。

雖然跟阿嬤培養了心照不宣的默契，但她從不讓我拍照，說現在不好看，我幫阿嬤畫了一張畫像，是她在二樓漫畫書區閱讀的姿態，畫好後製作成明信片送給阿嬤，「有像、有像喔！」她微笑著將它貼在日曆的封面上。

老街鼎盛時期，二樓兼做漫畫、小說出租店生意，如今一落落的書籍被整齊的束起，塵封多時，仍可想見生意興隆的時光。

每當看到這幅畫作，我便會想起阿嬤緩緩爬上木梯，在廚房舀了圓滾滾十幾顆滷蛋，熱騰騰地讓我帶回山上跟大家分享，那香醇回甘的滋味至今難忘。這幾年回山上，特意繞去老街，只見簸仔店鐵門深鎖，我想這輩子應該無緣再品嘗那美味的滷蛋了，回憶只能隨著內九份溪一去不回的流水，一同埋在心底。

夜路驚魂

人生無非是學習面對自己，尤其是喜怒，還有恐懼。我自得其樂所以為的山徑，並不如想像般美好，更像隻沉睡的獅子。

二〇一二年秋天首度到金瓜石駐村時，好奇心驅使著我踏遍大大小小山頭及古道。從猴硐經金字碑古道至九份，行走一〇二號公路至牡丹、雙溪，茶壺山、半平山、貂山古道……，探索一條條山中小徑，成了我每日的功課。回到宿舍便將當日拍攝的照片、採集到的礦石，還有路徑一一記錄下來，為的是將手繪金瓜石及周邊區域的徒步地圖描繪得更加確實。

某天午後，見日光明媚便動身上山，輕忽了山間天氣變化無常。行走至草山戰備道路時遇見幾位山友，提醒我注意天氣瞬息萬變及下山時間，我只顧著今日的目標即將完成，並認為在山上住了一段時間，對於路徑及時間可掌握得宜，便不假思索直往山上走去。

抵達半平山三角點前，一陣雲霧翻騰夾雜著晦暗提前報到，天空變了顏色，風開始呼呼怒號，當我抵達終點轉身回程，霧氣夾著雨絲，才發覺已看不見遠處景物。

我沿著稜線跑呀跑，在裸露且不平坦的岩塊中尋找來時路，手機僅剩百分之三不到的電力，連使用手電筒、求救電話的權利也被黑夜剝奪。

為了追趕天空最後一絲絲光亮，在即將被黑暗吞噬的芒草叢中，看見遠方基隆港燈火微微閃爍著，「還活著」的念頭使我將諸天神佛名號更大聲地呼喊，認為如此便能喝斥一切魑魅魍魎及與礦坑有關的諸多傳說。

經過礦坑口、黃金神社，仍止不住將恐懼拋諸腦後的步伐，口乾舌燥地衝抵宿舍門口，還驚魂未定地念完：「應觀法界性，一切唯心造。」進門大口喝了水，才真正覺得得到救贖，將平日三至四個小時的散步路程，在四十分鐘內跑完，原來吃奶的力氣、求生的意志，無極限！

從此之後，我便不再獨自上山。

偶爾望著日光推移、山間霧氣變化發呆，與山友們一同至淺山散散步，閒聊家常，每日從博物館走兩千多步至勸濟堂向恩主公上香，久久無法平復的心情才漸漸地被療癒。那時真正體認到苦空無常，實實在在地於每分每秒之間發生，正如瞬息萬變的天氣。

人的步伐爬得高遠，無非都是為了藉由激勵肉身、堅定心念，終歸掌握呼吸之間當下一念，能在闔眼的瞬間，無憂無懼。肉體的敗壞與消亡，正如見到礦山堅硬的岩層下，已然被挖空了一般，虛有其表，實則性空。人們認為堅固不變的一切相，皆是暫有不實，因緣和合而生，緣滅而不存。

常有人跟我分享簡易修行的辦法，認為依此徑路便能速成得到解脫，卻不知步步都是為了把握當下一念，「不積跬步，無以至千里」，再從一步步的歷練中化繁為簡，從而領受大自然的感召，這應該就是宗教最初的起源與力量。

獻給眾神的歌詠

「下次妳來，我可能已經不在了。」阿蓮阿姨說。我稱呼阿姨，感覺比較親切，實際上要稱伯母。阿姨在固定的鐘點奉香、奉茶，並敲擊十二下木魚，搭配大磬一聲，如此往復三遍，從一樓關聖帝君神前依序往二、三樓，上供的時間總是能看見她的身影傴傴而行。

農曆三月廿三日，是媽祖娘娘的誕辰，各地信徒無不歡喜慶祝這個日子。金瓜石勸濟堂每年固定於這日迎請媽祖及鄰近宮廟的神祇一同遶境，因疫情影響，前幾年曾暫停舉辦一次，隔了一陣子沒回山上，總覺得熟悉又陌生。提前一天自臺北出發，客運從晴空駛向雨聲，舟車勞頓的午後抵達山上，廟裡廟外找尋阿姨的身影，直到遶境日一早，看見她在神前上香，我才鬆了一口氣。

「我已經退休了。」阿姨說著，她仍會在大慶典時搭乘公車從住家到廟裡共襄盛舉。想起從二〇一二年開始，我嘗試離開熟悉的市區，探索陌生的環境，陸陸續續到山上駐村數年，成為新住民般，每年慶典一定撥空回山參與，見見山上的老朋友們。

轉眼十多年過去，長老阿木阿公年屆一百歲了，子時一到，他穿上黃色長袍，拄著拐杖緩緩走向神前，翻開經本一字字敲擊木魚，時緩時急的唱誦，依然中氣十足地誦讀疏文恭祝聖誕千秋，像海潮、又像被風吹起的雨絲。時近子夜，廟內效勞生（鸞堂對門徒的稱呼）開始敲擊一〇八響鐘鼓，「咚咚咚、咚咚咚、咚咚咚咚，噹」，在三三五的鼓點節奏中，風雨來朝，和著雨滴「夜半鐘聲到客船」，迴盪在空幽的山谷。

子時與午後的鼓點節奏並不相同，象徵著迎神與送神的區別。每逢初一、十五午後，晚課唱誦完畢，「咚咚、咚咚、咚咚咚咚，噹」，在黃金博物館園區也能聽到上獻眾神的歌詠，蒙受無以名狀的祝福。

礦山遶境，源自日治時期的山神祭，路線比行走平地多了層次起伏，在層層堆疊的時代氛圍中，形塑也被形塑成獨特且迷人的樣子。遶境的隊伍依序向恩主公及眾神參禮後，由報馬仔帶領浩浩蕩蕩走上遶境祈福之路，路上經過許多景點，小徑湧現人潮，清代、日治、民國時期興築的三層水圳橋，保留著時代記憶，尤其吸引鎂光燈的焦點，被大山懷抱著的遶境路線，跨越了時代興衰更迭，隱含著生命淌流的契機，是我的哲學之道。

從前常寫的作文題目「仁者樂山，智者樂水」，是個為難人的命題。深怕選擇了仁者，只能當個半成不就的智者。遠觀茶壺山、半平山、燦光寮山，山嵐瞬息萬變，陰陽海的無定性，居民的虔誠純樸與在地耆老生命的韌性，在空心的山殼上行走，藉由有形的暫留觀照世間去來，不生、不滅，更可參透人生。

山依舊在，只是雲來霧去，悄悄地改頭換面。離開前與阿姨合了影，手握了又握，如同隨著時光流逝的一代代人相互送別，眼神脈脈交會，輕描淡寫地敘述黃金般的時代，也向步履蹣跚的歲月告別，遙望山海的一角，天地間早有答案！

我在身體負荷的範圍內，徒步巡山，從身體的磨練之中，提升心念與意志，始知心與天地交感，人天感應。直到近年，九份迎媽祖後一日，與朋友們一同登上燦光寮山，登頂時濃霧漸漸散去，露出群峰的當下心中滿是感動。

燦光寮山海拔七百三十八公尺，東北角最高山，曾被登山口的荒煙漫草阻擋，也曾因天氣丕變隔絕了去路，斷斷續續爬了四年，才總算將籠罩心中陰霾的大石頭卸在山頂上，這條山徑的行走路線得以完整，一償所願。

金瓜石迎媽祖：農曆三月廿三日（年例）

九份迎媽祖：農曆四月初一日（年例）

「我看背影就知道是妳！」——金包里二媽野柳作客

相傳清朝嘉慶年間，雲霧繚繞海面的日子，野柳港附近的迷航船隻常因看到岸邊虹光平安返航。一日，撿拾海菜的婦人在退潮時分，於今野柳地質公園內的海蝕洞（今尊稱為媽祖洞）中，發現一尊漂流來的媽祖神像，鄰近漁人前往祭拜後總是滿儎（加上人字旁，寓意漁獲豐收，船員亦平安歸來）而歸，靈驗異常，信眾接踵而至，媽祖顯化立廟於今金包里街。

嘉慶十四年（一八〇九年）歲次已巳年，廟宇竣成，命名「天后宮」，恭請供奉於金包里溪邊媽祖廟，時稱「小祀媽祖」之開基金面大媽，與由野柳恭迎之二媽神尊一同供奉。

重塑金身時，將小媽祖「入寶」置入新雕塑的二媽神像中，成為「媽祖中有媽祖」的神尊。此後聖蹟常昭、香火鼎盛，更名為「慈護宮」，以彰顯媽祖慈恩浩瀚，護庇群黎的功業。

金面二媽尚未迎請至慈護宮時，起初是由野柳人供奉，林姓宗親會負責敬拜。每年農曆四月十六日午後大退潮時，海平面降至最低，恭請「開基金面二媽」神尊，帶領著數以千計的信眾，配合潮汐時間返回野柳媽祖洞舉行祭典，及迎請北海岸各廟宇神尊共同遶境（金包里媽祖、干豆媽祖、埔頭媽祖、國姓爺、周倉爺暨列聖眾神遶庄，祈求合境平安），是北海岸媽祖傳奇故事的一頁，人文與自然相互結合的文化特色所在。

過野柳隧道口時，林姓宗親會至隧道口恭迎聖駕，並在媽祖洞前設案桌敬拜，俗稱「二媽野柳作客」以示飲水思源，而這兩百一十多年前的傳奇，守護著潮起潮落，流傳至今……

二〇一三年環島展覽期間，與素昧平生的西螺子弟國棟相識，北漂就業的他心繫故鄉，觀展後送了一件以社口媽祖衣飾為發想的刺繡鑰匙圈跟我結緣——西螺社口媽為朴子配天宮分靈，朴子早期為刺繡產業重鎮，結合媽祖周邊小物相得益彰。因話題相投，言談間提及北海岸有一媽祖徒步活動，相約隔年一同前往。

頭一次參與金包里二媽野柳作客，是恢復徒步後的第二年（尚未恢復徒步前，由廟方人員請媽祖搭車，直接前往海蝕洞敬拜），因人生地不熟，自己默默跟隨在媽祖轎後的隊伍中走著，轎旁揹著粉專按讚手牌（曾經一度流行）的小編特別顯眼，他頭戴小斗笠，頂上綁了幾張平安符，像極了報馬仔的造型，機緣之下跟這位醒目的小編攀談，他是在地子弟——小炎。

走近後才發現他的裝備齊全，手提謝籃內裝有各式物件，以提把固定的觀音竹，細長的竹身像極了觀音菩薩的楊柳枝，竹枝需年年換新，是炎爸清晨從山上採摘來廟內供信眾使用的，細竹中段綁上紅麻布製作的三角隨香旗，旗身上書「天上聖母進香」，白色的劍帶上寫著歲次年分、信士生辰及住址，籃內置隨香燈（正面為「天上聖母進香」字樣，背面為龍圖騰）、金紙貢香、小點心，跟隨在媽祖轎後，是還願的方式之一。

謝籃還願的習俗，在大媽十五日遶庄祈安這天，隨著聖母鑾轎從慈護宮步行出發，走到老街尾端，待聖母遶行各庄回鑾，再持謝籃及三牲至廟內祭拜，答謝神恩，近幾年因人口老化及疫情影響，持謝籃還願的信士（大多為中老年婦女）有越來越少的趨勢，如同參與祭典時於髮際別上紅花的阿嬤，日漸凋零。

我和小炎在活動空檔聊了許多，雖然第一次見面，感覺像認識很久一般。當時他在金山就業，特地邀請我再來金山走走。

早已料到在東北風吹拂的北海岸，冬季晴天的機率少之又少，還是不停祈求一路順風，能好好走路。上午出發時轉為綿綿細雨，一路清風拂來，雖有涼意，走來還算舒暢。

二〇一四年十二月，當時還在金瓜石駐村的我，一個停雨的午後，恭請慈藝媽祖來到金山下六股田園。從金瓜石搭車到基隆，再由基隆轉車到金山，「雙金」雖然同處北海岸，舟車勞頓費了好大的勁才抵達！已收割的田園，澄明如鏡般地映出步履足跡，亦如觀者內心一般平靜。

小炎騎車載著媽祖及我巡禮了金山周邊地區，除了老街之外，還有田園風情。從磺港沿著磺溪河岸一路到八煙聚落上至擎天崗，懷想往昔漁民擔著漁貨行走魚路古道翻山越嶺販售，再沿著金包里溪下行到水尾出海口及獅頭山，途經聖德宮、金包里街、慈護宮及鄰近廟宇一一參禮。

「從前媽祖隨先民跋山涉水而來，試著將過去與現在的路相連起來。」一條蘊含著信仰與生活，「文化路徑」的概念在不經意的發想中誕生了，不單是自己走過，在地朋友一起參與也是重要的，抱持這信念與初步的構想，我們的「巡田水，佑田園」行動，結合金包里年度迎神盛事，十五日由大媽帶領眾神遶庄，祈保合境平安、十六日為二媽野柳作客的日子，呼朋引伴選擇在隔年四月十四日上午成為實際行動。

揹著媽祖行走遶行田園的路，並不是件容易的事，趕上金包里老街上的竹仔師（竹藝師傅）退休前，拿著草圖請他製作了附加頂棚的竹揹轎，走上了一條巡禮金山古今風情的道路。

第一年參與的人員是老班底，我們有個「吃癡小社群」應援團——小炎、國棟夫妻、小瑞仙姑、聖元、建志、小白，大家分居各地，在群組內分享各地訊息，相邀參與活動。第二年陣容擴大，由蔡家班（小炎的媽媽，我稱她為董娘）號召二、三十人浩浩蕩蕩輪流揹著媽祖遊歷田園，接著參與十五、十六日遶庄與野柳作客，整整三日圓滿。

騎車場勘的倏忽即逝，跟實際上路後對風景的感受及心情截然不同。還在想著前一晚下了一陣大雨的雨備方案，冀求天晴的心情，卻又擔心日光炎熱，逢陰天又怕雨雲說來就來，所幸出發前就停雨了。

緩慢行走在彎來繞去的田間小路，路程好像沒前進多少，看著景色各個角度隨日光升落變化，才能稍稍意識到時間推移，有時覺得何必汗流浹背這麼辛苦呢？正如人生歷程前進後退，什麼都要嘗盡，方知箇中滋味。適應晴雨天氣、上坡下坡，自我獨步時觀照內心，眾人同行時照顧夥伴的心情，想著怎麼這麼久還沒到呀？走著走著彷彿就在眼前。抵達終點後，有種苦盡甘來的感覺湧上心頭，是步行迷人的地方。

曾有人問我：「農曆四月十六，不一定逢假日，若為平日則參與活動人潮稍減，能不能在假日舉辦並擴大祭典規模，特色上也許不輸給各地的媽祖文化活動？」

「俗稱媽祖洞的海蝕洞，滿潮期間幾乎被海水覆蓋，只有在大退潮時（農曆初一、十五前後），會全部露出海面，祭典要抓準時機在此時舉行。另一個要考量的因素是海蝕洞位於景區的紅線區域，除了濕滑，砂岩、蕈狀岩等各式岩石造型林立，海蝕平臺是否可以承載這麼多的香客同時湧入？每個地方的儀式，都有在地特色，兼顧文化脈絡與保護地貌，尊重歷來傳統及自然環境，才是活動淵遠流傳的意義所在。」我回答。

近年在金山街上已經買不到隨香燈了，據店家說上游也沒貨了，小炎想復甦這項傳統，以絹印的方式印製於棉紙上，待乾燥後糊上竹架。

某日翻閱《臺灣傳統版印圖錄》時，找到舊款隨香燈上的紋樣及龍圖騰，隨即傳給小炎，雖然文化斷層的速度比想像中快，手工無法大量製作，加之實用功能降低而退場，不過記憶的雋永值得細細品味，點滴傳承以待來者。

海面上用棧板搭起臨時祭臺，林姓宗親會的阿嬤，提著供品緩緩陳列，這是一年一度與媽祖婆聊聊天的好日子，幾年參與下來，臺上站滿觀禮來賓，好久沒有見到阿嬤的身影，我想她仍持香站在某處，香煙裊裊間喃喃地跟二媽說著體己話吧！

「我看背影就知道是妳！」志工阿姨這樣說著，「好久沒來金山了齁！」這幾年各地邀約不斷，「吃癡小社群」的眾人們各行各業精進，很久沒有聚在一塊了。

二〇二二年，應朱銘美術館之邀，來到北海潮與火活動舉辦提燈工作坊，活動前一週進行燈片絹印，以油墨手工印製於玻璃紙上，再進行燈架組裝。這款四方提燈是以我繪製的金包里媽祖、千里眼將軍、順風耳將軍為圖面主角，千順將軍手持金元寶，以對稱姿站立，分別以綠底、紅底燈片區隔，搭配媽祖的粉色，及「心平安」燈片的黃色，在微風吹拂的夏夜星空下，熠熠旋轉閃耀著光明。

志工阿姨製作完成特地帶回慈護宮，供奉於案桌之上請聖母鑑賞，立體的神尊與平面的線條之間，連成了無數條人情的網絡，緊緊相連。

從法鼓山的方向傳來陣陣梵唄聲，高亢而嘹亮，梵音繚繞的庇佑之地，鐘鼓聲中踏上歸程，細雨綿綿地輕灑大地，我才明瞭原來是菩薩的慈雲覆雨、甘露遍灑。

走過風雨，正如人生之路，不論外在的環境如何變遷，觀世自在，得心平安。內心平靜，心安就有平安。行路人間，緣起緣滅，該下雨的時候就下雨，該晴則晴。風雨順時，事事自有因緣！

金包里大媽遶庄：農曆四月十五日（年例）

金包里二媽野柳作客：農曆四月十六日（年例）

「第一次聽到用白話文臺語念疏文。」——鹿港駐村與今暗欲來拜天公

年假期間比較不擔心買不到北上的車票，我收拾行囊於正月初四一早，搭乘從後山出發，前往彰化的火車控隆控隆行進著，穿越南迴線一個又一個山洞，休眠的朦朧間，彷彿看見二〇一三至一四年時的自己。

那是我離開北部的第一站，到鹿港駐村。

國中時與母親到中部員工旅遊，是與鹿港的第一次接觸，雖然旅行團走馬看花式地輕輕帶過，行走在街道的閒適，還有不知通往何處的曲徑小巷，埋下了我對這座小鎮的好奇及深深著迷。

遞出藝術村申請書，毅然決然南下，離開就學、生活十年的臺北，當時的勇氣現在的我也是佩服。離開臺北前，我將六張犁居所收拾整齊，友人開車協助我將一車行囊直送桂花巷藝術村。

我的工作室位於藝術村西端一角，斜陽照進三十五號，窗櫺隨著日光推移而流轉，透過玻璃窗整間屋子通透的像燈籠。午後時分常有在地的工藝老師來訪，或相約到老師們家裡喝茶，那段日子結交許多良師益友，在交流中開拓人生眼界，是成長快速的一段時光。

工作室沒提供住宿空間，因而以手繪鹿港地圖與小艾背包客棧換宿，管家小魚大學剛畢業時，回鹿港協助整修、經營這間背包客棧，一棟位於隘門旁的老屋（現搬遷至摸乳巷旁），二〇二三年正好滿十年，我們也在時光匆匆中結識至今。

往後的日子，公車成為我前往鹿港的好夥伴，通常在市場口站牌下車，以步行的方式前進，若元昌行李老師有在家，前往打聲招呼後，轉進第一市場走九曲巷至力野茶陶所，再到茉莉人文環境教育中心。

從興安宮往北，走後車巷經城隍廟、新祖宮到天后宮上香，才算是向眾神、鄉親打招呼一輪圓滿，至少需要一個下午的步行時間。

十年匆匆過去，走在這些熟悉的街道上，我常會開玩笑說：「閉眼睛都會走。」有時呼嘯而過的機車在路邊停下，或是經過斑馬線時被熟人呼叫，與老朋友不期而遇，隔著車水馬龍打招呼，一陣子沒見總能聊上好半天。雅君戲稱我是「長尻川」（臺語，形容聊天很久的意思）；佛具店阿凱說：「一到過年妳就會出現！」

二〇一四年駐村期間，時序適逢正月初九拜天公，當時我在藝術村工作室門口，擺上案桌，桌腳墊著金紙，稱為「隔金」，以示清淨之意。簡單擺設素果、點心，焚香後，趁著等待的時間，到街上走走，各家戶敬拜的案桌，令人目不暇給，我便上網查找資料，並詢問在地耆老，想一窺其中奧妙。

玉皇上帝為眾神至尊，正月初九「天公生」為天公祝壽，是全球華人重視的節日。在鹿港，這天有如小過年般熱鬧，家家戶戶擺設「頂、廈（下）桌」，以歡樂的心情虔敬獻供，彼此祝福。與我東部家鄉風俗不同，覺得新鮮異常。只是幾年下來，街道上彷佛漸漸減少了燭火熠熠。

沿路欣賞敬拜天公的案桌至二〇一八年，我與小魚、雅君及夥伴們，一群人浩浩蕩蕩走在老街。「每年欣賞，不如我們也來一同共襄盛舉！」我鼓舞著大家明年不應缺席。

此後每逢農曆新年，我便會提早數日從後山出發，與鹿港地區的友人們，一期一會呼朋引伴相聚，預借所需供器及器材，準備豐盛的供品及獻上手藝，一同籌備初九拜天公活動。

鹿港「拜天公」的儀式以家戶為單位，各家都會準備珍饈供品，來答謝上蒼的庇佑，相當隆重。正月初八午後，小魚、雅君將頂（上）、廈（下）兩張供桌依次擺放、置中，頂桌選圓形，象徵「天圓」，廈桌長形，象徵「地方」。

桌腳各墊壽金一張或數張，稱作「隔金」，表示尊敬及清淨之意。陸續擺設上「天公燈座」、瓶花、五果、素三牲等供品，並貼上「壽」字剪花。上桌以素食敬拜天公，下桌敬眾神及兵將，拜葷食。因考量食物處理及保存，我們以素食供品為主。

力野茶陶所是一間位於九曲巷的陶藝選品店，闆娘阿思與米特是陶藝工作者，不過開店須十八般武藝樣樣俱全，才能兼具實質內涵與文青店外觀的浪漫。阿思與我在閣樓分別進行著兩項任務，我寫疏文，她與小幫手則沉浸於製作飯春的專注中，雅君綁起麵線塔，擺上錫製薦盒，插上以繡線花製作的飯春，友人們陸陸續續帶來供品，齊心呈現一整桌心意。

頂桌上的天公燈座（代表玉皇上帝及三界公）前置香爐，爐前薦盒上放置「牽仔條」。「牽仔條」是鹿港拜天公時敬拜的糕點之一，圖案由七個圓圈相互交疊，象徵月亮從上弦、滿月至下弦的過程，十二支放置於薦盒上，代表一年十二個月，若逢閏年，則薦盒上置代表十三個月的「牽仔條」，造型也像是古銅錢串在一起的意象。

「敬包」放置於牽仔條上，上頭書寫「一心誠敬」字樣，是點出儀式主軸，全場的視覺焦點。兩旁供品有三甜碗（三碗糖果）、三菜碗（三碗乾菜），乾菜為香菇（所聞香氣繚繞）、金針（所見光明燦爛）、木耳（所聽順心遂意），另外還有粿粽、蛋糕、紅龜等（甜碗、菜碗可以六的倍數放置）。

廈（下）桌放置四（素）果（或五果），中間為鳳梨，有旺來、興旺之意，堆疊起的蘋果則取平安寓意，柑橘代表大吉，香蕉閩南語音近「招」，招來興旺、平安、吉祥。擺設位置中間高兩邊低，像個「山」字型，選果的配色以紅、橘、黃色系為主，喜氣及光明色調，「結好果」襯著年節更加熱鬧。

接著擺設金盛堂以麵粉製作的素三牲（雞、豬、魚分別代表天地水三界），魚頭朝向正廳，象徵魚帶財游入家中，雞頭朝外，家業向外擴展，取雞的閩南語諧音「起家」，豬肉以豬頭置於三牲中間，代表奉獻全豬。若拜五牲（包含胎生、卵生）則再供上鴨肉、雞蛋或豆干（意為「升官」），鴨頭朝內，「押內」，有守財、壓煞之意。

逢家中作壽（年滿十六歲、三十歲、五十歲、六十歲、七十歲及八十歲生日），則拜兩座天公座，供品皆雙份，若拜上全豬全羊，豬口咬柑橘（代表心甘奉獻）、羊咬香蕉（羊為古「祥」字）有天降吉祥寓意，擺設更為澎湃，以示隆重。

這些供品大部分是向老店、手工製作或自種為主的在地店家購買，運用當地物產，從產地到供桌，格外有意義。

「老一輩甜碗會拜米荖、麻荖、土豆荖，因內部是空心，象徵腦袋聰明伶俐，也有長壽的意涵。」黃榮心先生是籤郊媽祖會的前會長，他經營的全成行位於民族路，專營南北貨買賣，聽他介紹著原由，準備這項供品準沒錯。

「郊」，性質近於今日的商業同業公會，鹿港的籤郊，自清乾隆四十九年（一七八四年）至今。由販售日用雜貨及南北貨的商家一同供奉媽祖神尊，祈求運輸順利、生意興隆，是為籤郊媽祖。

壽麵來自福興鄉的阿義手工麵線，數日前，前往拜訪老闆，只見埕中空蕩蕩的，老闆親切地招呼我們進來參觀，說明明日上午才有曬麵線可看，便與友人相約，隔日上午再來一趟。

由於想一探手工麵線的製作流程，早早便前往製麵工廠，老闆熟能生巧運用搓、揉、拉、甩，恰到好處的每個步驟造就了口感與味道，力氣無法被機器所取代，看來簡單，吃進口中便知分曉。

我跟前跟後在一旁，不時與老闆閒聊，輕風拂過麵線宛如白浪，唯有汗水滴滴答答不甘寂寞地流著。學做麵線並不難，開始做、持續做，才是最難能可貴。

拜拜用的年糕發糕，是來自菊子阿嬤家做的。菊子阿嬤的先生陳錦煌阿公踩在蒸籠上，示範著他一甲子以上製作蒸籠作品的真材實料與堅固耐用。

每逢年前，菊子阿嬤運用阿公製作的蒸籠，以木柴點燃灶台的裊裊炊煙，後車巷與民權路交叉口，往第一市場方向，從屋內延伸至屋簷下的年糕、發糕，像盛開滿屋紅紅白白的花朵，總是能吸引目光駐足。

「明年不要做了，要休息了。」雖然每回這樣說，但總敵不過鄉親們的殷切期盼：「你們不做了我們要去哪裡買，吃別家的不習慣！」

近屋高的蒸籠，阿嬤裡裡外外忙碌一段落，坐在廳內小憩，看到我們前來，熱情招呼：「晚上記得來吃蘿蔔糕哦！」將人情味一同上供，相信天公祖也收到了這份滿滿的誠意。

供桌上一切器材就緒，我們提醒大夥趕緊回家沐浴淨身，以示虔敬。儀式開始，人員一同在樓井下方集合，不待在二樓以上，「不能站得比天公高」，也是古早流傳下來的規矩。鹿港俗諺流傳著「三不見」，「不見天、不見地、不見女人。」從前女子大門不出，二門不邁，此時也都下樓，天公最大！

子時一到，傳承自乾隆年的施美玉香鋪，以及興安宮前一甲子的榮芳堂香鋪，敬天公排香燃起裊裊虔誠，大家一心誠敬手持清香一炷上奉，祝福天公祖聖誕萬壽，大降鴻福，由我恭讀疏文：

焚香敬拜聖座前　法界蒙薰結祥雲
玉皇上帝大天尊　聖壽無疆萬萬年
敬愛的

玉皇上帝天公祖在上

值此佳節　良時吉日　蟻民眾等於鹿港茉莉人文環境教育中心　一同恭祝　您的聖誕萬壽

蒼蒼者天　眾神之王　願　您的光明遍照虛空及大地　護佑蟻民眾等心地光明　智慧廣開　交遊善緣　諸事吉祥　無論面對各種困難　都能以開闊的心胸　向理想前進

從過去　現在　乃至未來　我們曾在有意無意之間傷害了他人　在　您面前　真誠懺悔　期望獲得和解　並將所做善業迴向　推己及人　願一切有情得大利益

在世界上各個角落　由於地水火風的失調以及人禍造作　使許多人心靈失去依靠　願　您的光明　帶來溫暖及希望　祈願天瘟永息　社會祥和　國富民強　文化資產永續傳承　以進大同

去年的這天　我們向　您祈求疫情的消除　想不到世界局勢的變化　今年我們依舊在這氛圍中　向　您祈願

俗語說：「無驚無驚，神明揹在背上，做我們的靠山。」

這個日子　也是感念先祖唐山過臺灣　翻山越嶺　面對種種困難　一步一腳印地
開枝散葉數百年　都有　您平安順遂　諸事吉祥的祝福　恭請　您歡喜鑒納

敬獻山珍暨海味　恭祝聖誕慶萬年
祈求國泰佑民安　臺灣寶島最太平

蟻民眾等一心誠敬　虔備馨香花果　奉香敬拜　恭祝
玉皇上帝聖壽無疆聖聖壽

眾等一心　稽首頓首　虔誠奉香百拜　祈願神光普照　正法久住　社會祥和　風
雨順時　再祈　心安平安　國泰民安

伏惟　恭請
聖鑒

「拜、再拜、滿拜。」新聲閣及米市街北管樂團輪番奏起鬧廳樂響，年節喜樂氛圍瞬間滿溢。

眾蟻民一心誠敬　叩答恩光　三跪九叩首　祈願聖慈廣大佑黎庶　願與我們同在的一切有情　遠離諸苦　得心平安

疏文念誦完畢，傳統上依照長幼順序依禮奉香祭拜，並行三跪九叩首大禮，有些長輩更遵循古風實行「百二拜」（拜一百二十次），我們則以集體團拜方式進行。

「第一次聽到用白話文臺語念疏文。」參與者這樣說。

「希望大家聽得懂祈福的內容，不只是流於形式拿香跟拜呀。」我說。

上香、敬茶、叩拜三巡，卜筶請示圓滿與否，擲出聖筊即可化金，金紙燒一段落再焚化燈座，象徵恭送天公返回天庭，鄰近街巷此起彼落的炮竹聲漸次響起，儀式圓滿。

擺設每一項供品的意義，是地方文化脈絡積累，其中有當代的詮釋，所幸老師及同好提點，才有這些豐富的經驗可以分享，並在進行中，省視自己的初心。

拜拜其實很簡單，擺上素果，心意為上，誠意喝水甜，讓文化儀式回到生活中。我帶著旅行各地的故事，誠敬地來向祢報告一整年的成果，與大家敘話從頭，腳步不停歇持續前進，明年帶著豐盛的生命來向您叩謝深恩。

自宅敬拜後，將供品分成兩份，一份至天后宮天公殿參拜，再步行至地藏王廟禮敬，一北一南，拜天公也敬地王，傳統上認為有天、有地，好事成雙，共祈幸福。

「以前整條街家家戶戶都會擺香案，環繞整個街區還看不完，那樣的回憶真美好！現在幾位鄰居長輩年紀大了，拜拜的沒幾間，傳統信仰的沒落居然如此快速。」與友人的閒聊中，他感嘆說道。

我將二〇二二年創作，圍繞著樓井吊掛的鼓仔燈（燈籠）取下，專注點燃燭火，傳遞給每一位參與人員，依偎火光的溫暖，難以言喻的心情滿溢著。幸虧出門前風停，走上街才真正感受到，鼓仔燈因行動的當下已然完成。點亮一盞燈，照耀的地方雖然有限，燈燈相續，即可遍照大地。步行的距離幾乎是繞了鹿港行走一大圈，大約凌晨兩點行程圓滿，也許是緊張的心情一放鬆，那幾天持續著的頭痛全好了。稍早化金時，火焰熠熠燃起，天空時降雨絲，「細雨潤豐年」呀，感謝天地覆載，感謝人間善美，心中這麼想著。

拜拜的心意，不單單只是供桌上擺設出來的樣子，每項供品的意義、籌備的過程，以及「敬天愛人」落實在生活中，是自然環境與人共好的呈現。人生的道路上，志同道合的大家一同成長，與其說籌備一場祭典，不如說是農曆新年期間，藉由活動相聚，成為每年分享彼此故事的同樂會。

像不像三分樣，向傳統學習，感謝長輩的指教，綿密的人情網絡，將大家串在一起，「有緣千里來相會」這句話通俗，也不俗。

離港前近午，我們席地而坐在鹿港文武廟的草地上喝茶，姊姊播放了她的唱誦「太陽、月亮、大地」，這句錫克教的咒語，由簡單的幾個詞組成，溫婉而有力量。我們閉目、靜默，享受音韻與風的絮語，心與環境相契、共振。

「妳什麼時候離開？」出門在外較少吃到家常菜的滋味，安佳親自做便當來工作室與我分享，席間拿出新空間的規畫藍圖，興高采烈地分享著，彷彿下一秒已經在眼前實現。

敬拜的和諧與歡喜，相聚在此時此日，心平安，就是我們最大的福報。

我從一開始懵懂的摸索、參與著，直到今天，成為實踐、經營生活的一部分。與其談論如何拜拜，不如說說供桌上的物品是何來由，天公座、供器、食材、儀式、音樂，寓意為何，美好的地方，不只是停留在電視節目上囫圇吞棗介紹的印象。

常民生活累積成信仰，傳統的年節氛圍圍繞著拜天公的祭儀，結合市場當令的食材、案桌上的工藝，全面感受在地情感，和大家作夥來團圓。回歸原點，無非「初心」二字。

「《尚書》『允執厥中』的『中』字，是整本書的核心，對照今日的世衰道微，古聖先賢早在千年之前已預想到，許多人誤解、或利用聖賢的思想，不論如何，『不偏不倚謂之中』，『不要忘記自己的初心』，那是受用一生的立身處世之道，將它落實在生命中。」撐著幾日累積的疲勞，腦中不停浮現大學時老師於講台上懷抱熱忱、退而不休的教導。

不論簡單擺設或隆重，都是生活感與環境共生、共好的美感經驗，經過當代演繹再流傳給下一代人，從這些儀式中，表達「得之於人者太多」的感謝。

「神明也需要火光的溫度。」——參與馬祖元宵擺暝祭典與回外婆家市集

二〇一六年，我第一次去馬祖。踏上馬祖列嶼前，我想像了許多關於這塊土地的傳說，有一部分是書本上讀到的，關於地理；另一部分是從烽火歲月中來的，關於歷史。

實際到了馬祖，感受了當地的風土。我將它比喻成一座漂浮於海上的城市，正如我曾旅居的臺北市與金瓜石同樣。

臺北市錯綜複雜的地下網絡無須我多說，它是首都，人潮、錢潮的聚集地，是我年少時嚮往的夢土，學生時期，好奇心驅使著我探看虛幻一夢的地方。

金瓜石因採礦興盛，全盛時期山城曾居住了十多萬人，因礦脈枯竭而繁華落盡，近年藉著觀光再度躍上群眾的目光，曲巷通幽，更適合離群索居的我。

從臺北城走到金瓜山城的步伐跨越了十年，才讓我真正地找到自己安住的狀態，

閒適而悠隱。

而馬祖，漁業發跡，漁民將它作為航程的中繼站，至政府遷臺成為前線要塞，陸續撤軍而漸蕭條。這三處景觀雖異，因人們的去來造就，實在是有異曲同工之妙，當然，作為首都的臺北，會繼續繁華下去，卻早已不是我的夢土。

旅居馬祖的日子，讓我想到了金瓜石。山上的天氣變化倏忽，常常白天日光高照，下午則身居雲霧飄渺間。

馬祖的天氣受季風影響尤甚，更為敏感。出發之前，我大致安排好前往四鄉五島的行程，看氣象報導預示著天氣不太理想，計畫趕不上變化，心中油然生起行程可能隨時改變的心理準備，島際的主要交通是船，船班配合著天氣，且戰且走也讓我們繞遍了四鄉五島。

東北風不時吹來，前往東引的風浪，讓平時不受暈船之苦的我，破了功，天氣是不容挑戰的。

苦空無常，是我在金瓜石山上懂得的道理，堅硬的外表建立在虛無的空殼之上，隨時可能崩塌，尤其是依憑著紙醉金迷。馬祖的地下坑道四通八達，島上的人們熱情而堅韌，旅程的尾聲除了拍攝的照片外，還有因天晴留下的曬痕尚在。層層的色差是我旅行的憑證，天地的烙印，隨著剝落的細胞，讓我不至於忘記在迢迢遠方，還有一群佇立在海潮及季風之中的人們，同日月推移。我早已不再嚮往都市與人群，尚能自給，更愛天寬地闊，繁華落盡的孤寂。

二〇一八年末，我開始一站一站拜訪「藝術遶境」集章點的合作店家，敘述活動理念，配合大家的營業時間，常一地來來回回數趟，舟車往返間，《作度人舟》這本書，也一點一滴長成！馬祖是計畫中，最後登上的島嶼。

出發的這一天，下著雨，一早搭北迴線鐵路上行，至松山機場啟航。由於雨水的浸潤，交通路迢迢的顛簸，還未抵達，身體已感到疲累，所幸抵達馬祖後，天放晴了。

友誼的深淺，不單單取決於認識時間的長短，也可能是心之所向的契合。與位於馬祖南竿的南萌咖啡館闆娘逸馨是在這趟旅程中相見的，雖然馬祖與臺東隔著山與海，地處西北與東南，但初見面彷彿已是認識很久的朋友一般。南萌，馬祖話形容固執或呆呆的意思，以此為店名，某種程度代表了逸馨面對不被看好的眼光，同樣努力著的態度。

之後幾年，參與了逸馨與友人一同發起「回外婆家」的計畫，跳島旅行，更加認識地處國之北疆島嶼的風情。

隨著戰地任務解除，除了遷入兵源的人口鼎盛不再，許多馬祖人外移到臺灣，村內許多空屋見證了繁華至沒落的過程，這感受與我在金瓜石駐村時類似，採金終止後，徒留山城繁華後的落寞。

二〇二〇年，託參與「回外婆家．田澳市集」的福，提前到西莒駐島，籌備活動期間參與了兩場祭典。一場是坤坵趙大王廟的祭典（農曆六月三日），一場是田澳周大王廟（農曆六月五日）年中補庫。（東莒的補庫約於農曆四月，向神明卜筶日期而定。）

「補庫是給神明追加預算！」阿伯說，用詞也很有戰地風情啊！

「為什麼刀子上要灑鹽巴呢？」我問。

「就跟我們吃飯、切菜用鹽巴是一樣的啊！」阿姨的回答很通俗可愛。

每項供品上，都要插一朵大紅花或是放上手工剪紙花，非常搶眼，用閩南語的說法就叫「俗擱大扮」。

祭典一開始，由老村長敲鑼通告四境，阿伯以馬祖話呼請島上及周邊境域眾神一同前來：

中華民國福建福州府長樂縣
東獅山田澳境地方各姓弟子
值年虔備香花燈燭菓品　筵席
至壇前焚香拜請……
……地頭列聖　各樓內香火
仝請降臨　上至山頭　下至水尾
叩請諸神　庇佑合境弟子
老者如山不動　少者似水長流　耕者乃積乃倉　漁者滿載榮歸
一年四季　季季平安

尚饗

我想這就是神明與島民間相扶相持的記憶吧，字裡行間充滿上供下施的精神，言語及鑼聲的韻律中有著純樸與感動。作為守護島嶼的神明怎麼會不靈驗呢？

市集活動前，我特地拍攝布置在各個角落的野花草，它們長在野地，被裝置在回收而來的玻璃瓶內，再展生機。

本來還擔心活動前的雨勢，沒想到大雨卻讓野花草更顯生機，是上天降下祝福的甘露。靦腆的社區居民、鄉民及軍方的參與，還有來自各小島的人們，能跟大家相聚在離島的離島，最遠最遠的市集，相覓知音，感受層層疊疊的房舍與時代背景下，累積出的生命厚度，雖然因時代變遷沒落，「生機，就是村落最美的場布啊！」

每次參與市集擺攤，都是抱著交交朋友的心態，這次也不例外。活動開始前還在幫其他攤位寫招牌，就知道多佛系！（我的攤位剛好在佛堂前，我就笑說：「佛祖在幫我顧媽祖的攤位！」）

有鑑於之前在其他市集擺攤太認真，無法好好逛攤位，午後四點一開攤，將作品一一陳列出來後，便放生自己的攤位，開始逛起市集，從海風理髮廳、華南商行蔥油餅、服務台絹印，當然不能錯過「西萌咖啡館」的咖啡（南萌咖啡館移師西莒，暫時改名為西萌咖啡館）。

市集逛完一輪回到攤位上，人潮開始湧來，講到快九點才收攤，第一天就燒聲，我的天啊。「這是在找回我閉關很久，喪失的語言能力。」我說。

每一件作品都有人提問，一件件解說書寫的寓意，也被帶回收藏，彷彿在同一個場合的數分鐘間，與每一位來到攤前的朋友，或同為創作人的攤主們，再一次省視了自己的創作，沒有距離地交流了彼此的想法。

活動期間，正逢六月初六日「天貺節」，是開天門的日子（據傳開天門時向上天祝禱，願望會直達天聽），我特地到媽祖廟燒香祈福，願大家都能深刻而堅定地走在人生道路上，將好願上達天聽。

市集的壓軸大合唱後，接近收攤時刻，一位攤友為了不知道選哪張作品而猶豫不決，我將書寫兩張作品時的心境分別說明了一番，記得她選擇了：「海潮好累，漲漲退退；本來具足，不生不滅。」

海潮何曾疲累，只是順應著時序漲退，人們卻為著心外暫有而不實的境界轉換發愁。寫下關於去去來來的詞句，是在離別的取捨時刻寬慰自己，好趕緊將愁緒，埋進汪洋與夢之間。

歡度一整個月的祭典

清晨四點半，貓咪蛋黃晨喚很準時，急凍在四季分明的馬祖列島，體感溫度趨近於零。我開門，牠從二樓陽台躍出，習慣要出門走走。

從熱帶來的我，腦子無法好好思考，要用更大的力氣撐開凍僵的手寫字。

今天是「馬祖擺暝」大年十三的晚上。

紅燭點開「擺暝」序曲，原以為「坂里十三暝」雨夜遶境，已經是極限，沒想到接下來一天比一天冷。

擺暝，是擺設祭品徹夜酬神的意思，通常從正月初七日一直延續到二月初二「龍抬頭」，「慶賞上元」圓滿，整整過了一個月的年呀！

「排祭」的「碗筵」，最中央的位置為公祀的牲禮，再由家家戶戶依序擺設在兩旁供桌，可能為不同宗姓，或聯合各姓氏（大眾暝）分別舉辦祭典，比如鐵板村，正月十三、十四、十五由各宗姓分別擺設碗筵，十八日遶境平安，十九日「食福」。

我除了要在十七日進行一場風燈製作工作坊外，其他時間幾乎追了一個禮拜「擺暝」，與逸馨一同發想供菜清單，並陸陸續續製作上桌。除了馬祖本地的芙蓉酥、麵線等，也供上彩繪紅蛋、山珍海味，及來自臺東創作者（就是我本人啦）以馬祖意象繪製製作的風燈、澎湖旭西餅舖的糖塔、金門的飯春金花、鹿港美玉名香的香珠及蒔耘甜點的南棗核桃糕，可以說是集合臺澎金馬選物的敬獻。遶境前一天，在逸馨不眠不休的努力之下，南瓜、紅蘿蔔果雕及剪花成品在清晨五點時分完整呈現。

牲禮以榕樹枝「插青」，並擺上一把菜刀，灑一小撮鹽巴，代表酬神饗食（讓神明切肉的意思，好可愛、好人性化）。各廟宇的「社友」們，由「當頭」（意近爐主的概念）分派任務，各司其職。長老（或主委）逐一唱名拜請全島各路神明降臨同慶。

正紅色的燭火，赤辣辣在寒風中更顯溫暖鮮明，阿姨說：「ＬＥＤ燈不行，神明也需要火光的溫度。」那份誠心，我想起能量守恆定律，有形的蠟油化作虛空中無形的能量。

擺暝通常要過（凌晨）十二點，才擲有聖筊，表示圓滿（有些廟宇會持續擺設至清晨）。接下來從註生娘娘神前取香爐、二紙娃及白花、紅花，代表一男一女，傳繼香火。隊伍由「鼓板樂」帶領，浩浩蕩蕩行走在夜色籠罩的村中，去當年度的新人家「送喜」。

「將供於註生娘娘神前的茶壺，滴一些水到新娘頭上。天氣冷，有時候故意滴到背上，小小捉弄一下。現在新娘子大部分住在臺灣，所以由婆婆代表，大夥兒故意要滴婆婆水，婆婆都會害羞以手執花代表新娘領受，新年嘛，熱鬧熱鬧！」主委說。

「好啊！發啊！」大夥兒此起彼落喊著，喜家的婆婆開心地笑著。

隊伍再由鼓板樂帶領，回到廟後，擲求新年度運籤。「聖囉、聖囉！」主委喃喃唸著，當擲出聖筊，鼓板樂咚咚噹噹地，韻律和著筊箸聲，人神同歡喜。

遶境前數日，由「保長公」及「鼓板樂」帶領，至行經路線張貼「清潔道衢」黃（紅）紙。以金板境的日程為例，正月十二日午後一點進行張貼，十三至十五日擺暝，十八日遶境。

十八日遶境祭拜的供品收下後，隔日（十九），每位「社友」都可以領到福袋，內有分裝好的公祀肉品、太平蛋，或包子、橘子等供品，取吉利之意。一部分供品由社區媽媽（或大廚）烹調，晚間「食福」餐會，分享神明賜與的福氣，大家舉杯在新春尾聲一同祝賀新年，人情味滿溢。

二〇二三年正月十八日，遶境途中發現手機網路突然變得異常慢速，還以為是手機淋到雨出了問題，原來是海底電纜故障，之後還當了幾天沒有網路的古人。

年前與時間賽跑，終於將完成的燈罩呈現在小島上。

「為什麼會想用多種媒材呈現作品呢？」主持人問。

「我的作品很平面，希望呈現出來有立體感，如果有光影效果，看起來應該很不錯，因此在燈罩上呈現。」我答。

長年走訪各地，將提燈的每一個結構，拆解成方便攜帶的材料與組裝方式，結合體驗活動推廣，上頭的圖樣以在地文化特色繪製，使用絹印、剪紙或直接手繪，我稱它們是「旅行者的提燈」。

酒埕（鑽石）造型的風燈是馬祖傳統喜燈的一種款式，共繪製十六面燈片，正方、長方、正三角、等邊三角形等形狀各四面。長方形燈片我依次繪上「媽祖立身像」、「東莒燈塔」、「彼岸花」（紅花石蒜）、「馬祖四鄉五島地圖」，正方形燈片以「馬祖剪花」為發想，結合文字造型的「馬祖卡蹓」、「慶賞上元」、「風調雨順」、「合境平安」等字樣，三角形圖樣以「福（蝠）、祿（鹿）、壽」象形或小篆字樣創作，另繪製傳統吉祥錢紋、壽字邊框，可以書寫祈福文字或名字，圖像繪製完成，再開絹版印製於玻璃紙，貼上邊框組裝成提燈。

燈光通過玻璃紙透出有形的燈塔，媽祖慈愛點亮心燈光明的平安盼望，燈燈相續無盡，照亮人間，傳遞正向的信念。每到一地發想要畫一款在地的燈，正月十七日（金板境遶境前一天），以工作坊分享給在地的大家，沒想到真的在緊鑼密鼓的行程中實現了，一同迎春，點亮霓虹！

二〇二三年，天氣沒有去年冷，匆匆轉眼間，新年已過了第一個月，一期一會的慶賞上元擺暝遶境即將圓滿，把一週過得緊湊像一個月。

「朱朱明年也要來擺喔！」馮大哥這樣說著。（按照傳統，擺了一次之後要繼續擺下去。這倒不擔心，我不是發願要做一百盞燈嘛！哈哈哈！）

窗外浪花飛舞、呼嘯律動著，分不清此時是濤聲還是風聲，冷冽而年味十足的馬祖，方言迴盪在耳邊，似懂非懂地點頭稱是。灰色天空雜揉著補運望燎的煙硝與「食福」的炊煙，媽祖娘娘慈眉下，紅燭堅毅地點亮開春，流動的盛宴，在新春末了互道恭喜，延續著百年來的傳統，向天地眾神及耆老們不屈不撓的在地精神致敬。

拜訪媽祖之路

如果你和我一樣，喜歡獨自散步。來到馬祖南竿，有一條路線，很推薦行走。從鐵板村的天后宮出發，走津板路到津沙天后宮，往西行走勝天路到馬祖境天后宮。

這個路段不僅離塵囂較遠，沿著海岸線行走，或沉思或放空，在高高低低的坡度間，穩定呼吸及思緒。走得心平氣和，可以說是馬祖的「拜訪媽祖之路」，晴、雨天行走皆宜。

走著走著便回想起二〇一八年由馬祖回程時，因天氣狀況不穩定，一早起身前往機場，午後大雷雨，讓這班機隔著七個小時等待。又因濃霧影響，飛機停飛，改搭的船班，提早一晚啟航，風浪讓不太會暈船的我，躺平也不是，左右翻身夜寐又醒，清晨終於抵達基隆港。

天氣因素，可能讓旅行有些不便，正如有些事情，不一定可以馬上被了解，但仍是有趣的，值得細細品味。誰的生活中沒有煩惱呢？我也不是無憂無慮的創作者，只是每當坐在圖畫前，專注地完成作品，許多煩憂便已拋諸腦後。

旅途中許多相約、等待、舟車往返，諸多不順而讓記憶深刻。前一陣子，我常擔心趕不及下一站行程，無非是懷抱著「行者常至，為者常成」的信念持續前進。很多事情，不是做不做得到，而是需要付出更多心力去完成，也許在他人看來，總是事倍功半，但每一次不順都是激勵，都是讓未來事半功倍的基石，用心思考，再一遍遍嘗試。

在臺馬輪的臥舖上，我默默念著這些信念，緩緩閉上眼睛。如果，創作是一場戀愛，問自己一千萬遍，我的初衷，是否可以用時間換取空間，點點滴滴澆灌，對於創作的愛與真誠。

謝謝逸馨在聽完我「藝術遶境」的計畫後，給了我鼓勵的擁抱，讓我充滿能量。與島嶼間的緣起，相信冥冥之中的引領，我會繼續堅持。

二〇二二至二〇二三參與馬祖擺暝的行程

正月十二

（南竿）金板境「清潔道衢」。

正月十三

（北竿）坂里白馬尊王，十三暝擺暝、遶境「燒馬糧」、送喜。

（南竿）金板境天后宮、山隴境白馬尊王、福澳境華光大帝－擺暝。

正月十四

（北竿）塘岐尚書宮「狀元船海巡」、橋仔十四暝「三合殿：山西靈臺公補運、上帝公求籤、玄壇公求發財金」、女帥宮祈福。后澳楊公八使宮－祈福、白沙境平水尊王－食福。

（南竿）珠螺玄天上帝－擺暝，金板境天后宮－擺暝、送喜。

正月十五

（東莒）熾坪境福德正神、福正境白馬尊王、大浦境白馬尊王－擺暝。

（西莒）青帆境天后宮、田澳蕭隍爺、青帆境威武陳元帥－擺暝。

正月十六

（南竿）山隴臨水夫人－擺暝、清水白馬尊王－擺暝、中隴玄天上帝神壇－擺暝。

（西莒）西坵彡大王－擺暝。

（南竿）馬祖境天后宮－食福。

正月十七

（南竿）山隴玄天宮－擺暝。

正月十八

（南竿）金板境天后宮－擺暝、遶境。

正月十九

（南竿）金板境天后宮－食福。

正月二十

（南竿）牛峰境五靈公－擺暝、遶境。

正月廿二

（南竿）山隴白馬尊王－擺暝、遶境。

感謝一期一會，來年再相見。

延伸閱讀馬祖話

擺暝（pě màng），泛稱元宵節前後晚間的各項敬神活動。

碗筵（uang ngiěng），祭拜神明以碗裝盛的供品，也作「碗宴」、「碗燕」。

孩囝（hai kiāng），孩童形象的神偶。

食福（siek hóuk），平安宴。

平安宴中一定會吃的「太平蛋」，原先是用鴨蛋，馬祖話音近「壓浪」，祈求出海順利平安之意。

（食福是宮廟社友間對內的平安宴，沒有對外開放，感謝宮廟社友帶我一起參與。）

特別致謝

馬祖列島眾神及耆老長輩們、南萌咖啡館

「感覺被媽祖環抱了，很感動……」——澎湖縣紅羅村駐點

沿著二〇二縣道兩旁的南洋杉前行，左轉進村口，綠草緩坡隨著微風擺盪如地毯般開道，牛隻零星散布，心思仰臥其間，一路騎進紅羅村。

這條路從二〇一七年騎進來，彷彿有著引力，不論長住半年、短居一週，年年必定回村中報到，每週晚上固定團練八音、不時舉行社區餐會、居民家中小聚，在澎湖的日子，往返馬公與紅羅，像魚網上的每個節點，牢牢套著人情綿密的結，是每天沒有特別安排行程的固定行程。

小時候常聽朋友說著夏日來澎湖玩的趣事，或是友人從澎湖移居臺灣，假日返鄉的旅情，心中不免羨慕著。

由於已經有金瓜石、鹿港駐村的經驗，想想澎湖應該也不難吧！領略過馬祖的勁

風，我已料想到澎湖的風應所差無幾，行事曆有雙週空檔便排下行程。

出發之前，我查詢關於這次駐點「離島出走工作室」的相關資料，感覺是一間初成立的工作室，抱著姑且一試的心態，請著媽祖跟我一起飛抵澎湖。

年初四大家還在過年，我起了大早從臺東搭乘火車前往高雄轉機，頂著腰都站不直的強勁東北季風，於午後降落澎湖本島，搖晃中，腦中浮現的第一個想法，「終於來了！」

與馥慈、阿輯初見面在這個髮絲狼狽紛飛的時節，當我的足跡已踏遍各離島，壓軸一站乘著季風而來，登島的同時，我完成了臺、澎、金、馬島嶼環遊的最後一塊拼圖——澎湖，而他們正在「返鄉」的道路上前進著……

順利抵達位於馬公西文澳的古厝，這裡是阿輯的老家，也是工作室最初的據點，我對不甚熟悉的咾咕石街巷充滿好奇與新鮮感。古厝經過一番整理較為舒適，第一天我便獨自一人與老房子在風聲時而呼嘯、時低語，不對頻的對話中面對面渡過。不過躲在屋裡避風頭實在不是我的作風！

趁著傍晚前天色尚有微光、風暫歇，裡裡外外環視了周遭環境，佛廳中觀世音菩薩與諸仙老神在在，門楣重新粉刷後，堂號的位置未及填色，只留有字形刻痕，仔細端詳，以小篆勾勒出花瓶造型的「積善家」三字門額，寓意積善之家必有餘慶，左右門廊上書寫著「居之安」、「和為貴」，透露著先祖對後輩的期許，正是人與人相處之道，直覺妙矣，也讓我對新住地有著初識的好感。

我想，古厝等待的緣分，不只是一份賞識，還有庇蔭子孫的繼往開來！媽祖安座後，我點起第一炷香，寒夜中顯得溫暖，誰能預料接下來這幾年，在這座古厝中，如香煙般神展開無數個日子的交流呢！

主持拜滬儀式

人類的生命起源於大海，從數十億年前的演化起。生命的維繫，亦求於海。

石滬對於一般人而言，可能僅止於美麗的景緻，而對全世界目前保留最多的澎湖群島，大魚捕獲，小魚放流，隨著潮汐而漁，老祖先傳承下來潮間帶的生態工法，是與自然之間取得平衡的見證。

石滬取得漁獲的方式，因不符合現今捕撈的效益，多不被使用而日漸傾頹了，石塊散落在滬內外。看著師傅們泡在海水中費勁地使力，奮力搬起石塊，往石滬舊有的基礎上堆去，在日光灑落與海潮的力與美之間，恢復它往昔的風貌。好在潭邊村鄰近的內海多沙地，雖然有時腳會陷入沙中，不過比起岩岸好走很多，陣風與波浪是唯二挑戰。

臺灣人安土重遷，定居社會對於土地的重視，因而以地傳子孫；澎湖人摸著石頭耕海，海裡來，滬裡去，望著海面上規律的弧線，圈海的石塊整齊排列成心形，我想老祖先的智慧昭然若揭地告訴著後代吾輩，珍視自然，同心協力，以滬傳心！

「這豬肉要怎麼煮呀？」

吃素的我對拜三牲這件事可謂一竅不通，我手忙腳亂地抓起軟趴趴的豬肉，在水槽洗去血水，放至滾水中川燙，看著肉品表面稍轉白便夾起，此刻彷彿多了一項人生技能。

修復石滬前，「拜滬」是一項重要的儀式，恭請水仙尊王、媽祖、石滬公及水域眾靈前來受供，稟告修復開工動土大吉，並祈求漁獲豐盛，表達對天地的感謝。

第一次參與石滬開工，是位於潭邊村的新滬，因這次機緣認識修復石滬的紅羅村師傅們，坤師、發哥、陽哥……後來團隊的重心轉移到紅羅村深耕，認識越來越多村民，雄哥、阿滿姨、麗華姊……，與村子結下了不解之緣。

一年後，位於湖西鄉紅羅村的外港口石滬修復開工及隔年內港口滬開工，我再度恭請慈藝媽祖蒞臨港邊監工巡滬，祈求修復順利。

「願漁進大利，文化資產永續傳承！」念誦疏文時，作為主持人的我，一直擔心臺語口音不是道地的澎湖腔，心裡有個壓力在，不過看到村民們扶老攜幼一起來團拜，互道家常。燃燒金紙的火光隨風揚起，大家開心地直說：「旺哦！」「發哦！」

遙想往昔潮間盛景，村民間情感的連結，牽起已漸被遺忘的文化角落。面對海洋資源枯竭，漁獲有時，文化資產是要永續保存的，我想這方向很明確，從現在開始做起。

一早開始準備拜滬的供品，忙進忙出，午後陽光燦爛，水分補充不足，有中暑徵兆。撐到儀式圓滿，整個人才鬆懈下來。

「媽祖這兩天也辛苦了！」從石滬走回岸上時，洪師傅對我說。

是啊！媽祖坐鎮於無形中，祂所作爲、承擔的，是讓我們成長的契機。師傅語畢當下，我覺得被安慰。每次拜拜，為大家祈福，是理解、期許，也是自我療癒的一種方式。人生哪，期待被理解，但別害怕孤單。盡心盡力做好，支持的力量一直都在。

經歷幾年來的工事，如今望向海面彷彿可以看見往昔石滬內外漁獲豐盛的繁忙景象。

馥慈開玩笑說：「妳可能是我十年後的樣子。」我是不是十年後妳的樣子，不是什麼重要的事。看妳在臺上侃侃而談，從返鄉、石滬修復與記錄、發表澎湖石滬資訊平台，到重建永振發魚灶，再度燃起裊裊炊煙，我才是引以為傲的！懷抱初衷將想法實踐，鼓勵更多人擁抱理想、勇於嘗試。

「泥上偶然留指爪，鴻飛那復計東西。」去程從飛機上鳥瞰點點燈火，回程盡覽海岸，像乘著翅膀的微塵，跟著大雁起了又降，縱使人潮洶湧，我是自得的。人生一期一會去去來來，起起落落，自適自得找到自己的位置。擇善固執如我，內心平靜的生活著，願持續當個繪者，好好畫圖，十年、二十年依然……

拜拜完，先別急著說話

涼風徐徐吹進溽暑午後，夏夜悄然來臨。一年過得好快，已過了一半……

清晨即起，著手繪製前一天未畫完的紅彩蛋包裝，近午前往北辰市場採買雞蛋、紅湯圓、甜米糕等。

我將水煮蛋包覆入紅色玻璃紙，像糖果一樣可愛，也得了紅的意涵，預先煮好的紅湯圓置入八寶粥中，寓意「年年圓滿」。

帶著前夜摺好的元寶、補運金、供品，大家很有默契地在廟裡會合。此時已有許多民眾扶老攜幼，在廟內摺元寶、剝紅蛋，延續著小島傳統的味道。

「天貺節」又稱作「半年節」，廟口的紅紙書寫著「開天門」的來由，每年農曆六月初六前後，玉皇上帝會親自巡視凡間，此時向上天祈願會直達天聽。善男信女至馬公城隍廟、文澳城隍廟祈求補運消災，被稱為「陰間縣太爺」的城隍爺，祂橫跨陰陽，掌握人間禍福，人們藉由祈願讓下半年趨吉避凶，進行得更順利。

城隍廟從白天開始陸陸續續湧入參拜的信眾，依序將煮熟的紅蛋擺上供桌，也會準備湯圓、龍眼和甜米糕祈福，呈上書寫家戶生辰八字的祈福紅紙，「補運金」將所有的供品圍繞在內，補運助氣，避免福氣跑掉，供桌上如圈地似一圈圈黃紅交錯，成為廟內一年一度的特殊景觀。

一群群男女老幼圍坐在廟埕，各自找一角落坐下，三五成群地摺起金元寶，熙來攘往中不失肅穆，持續至夜間，好不熱鬧。

伏以

聖德昭彰　天門開　萬民得安

神光普照　佑群黎　天下太平

恭逢荔月初六天貺節開天門　天降洪福大吉日

值此佳節　蟻民眾等敬奉清香供品　虔禱神前

恭請

玉皇上帝大天尊

三元三品三官大帝

開臺澎湖天后宮天上聖母

媽宮城隍廟城隍尊神

文澳城隍廟城隍尊神

闔澎列聖眾神　護法善神　降祥賜福

恭祝　圓光普照於十方　喜捨慈悲皆具足

護佑蟻民眾等　元神光明　智慧廣開　善緣廣結　心安平安　諸事吉祥
再祈天瘟永息　疫病消除　男添百福　女納千祥　國泰民安　風調雨順

燒化的金紙使用二至三張大百壽金，捲成圓筒狀後將兩端斜摺入，使角度呈現四十五度角，原本還猜想，是不是為了保佑漁船順利，所以將金紙兩頭內摺成為船形。

「是元寶啦！」阿嬤說。這是我與補運元寶的第一次見面。

我看著站在桌子對角的阿姨們有條不紊地將碗內紅蛋，沿著碗週的桌面順時針敲擊，蛋殼此起彼落輕輕碎裂的聲響，再一片片剝去外殼，嫩白嫩白地放回碗中，又剝了幾顆龍眼放入口中，隔壁揮汗如雨的阿姨，斗大的汗珠直直滴落，碗中還有數顆等待繼續努力，周而復始神奇的韻律，讓人為之著迷。

「敬拜儀式圓滿後，將各式供品的外殼剝去留在廟裡，供品上撒一小撮香灰，將神明的保佑帶回家中，這樣才可以『脫胎換骨』啊！」阿姨這樣說道。

相傳進行補運的儀式圓滿後，提著供品安安靜靜地回家，回程踏入家門前是不可以開口講話的，不然剛補好的運氣又會從嘴巴外漏了。多麼可愛又人性化的傳說。

以往急性子的我，總是一出廟門，就劈哩啪啦話不停，友人總以眼神示意：「好運跑掉了啦！」這次我們謹守分寸用眼神道別，看著火光點點飄散，天地眾神都聽見了我們的祈願吧。

「今年，你們不一定要做元寶，願化作一艘艘小船，隨著裊裊香煙翻山越海，航向你我內心平安。」我默默想著，這次我有守口如瓶了。

天眼時開，每次拜拜，總是不忘祈願眾神守護祂的子民，願大家都能堅定而踏實地走在人生道路上，將好願上達天聽，心明明而神明明！

關於「天貺節」還有一些補充。

一、儀式發音為「脫殼」（臺語），象徵「脫胎換骨」。

二、澎湖六月六開天門補運，以媽宮（馬公）、文澳城隍廟最為盛大。六月初六至初七，人潮絡繹不絕。近年馬公城隍廟整修，人潮稍減，或至其他廟宇祈福。

三、供品以紅蛋、荔枝、龍眼、花生等可以剝殼的食材為主。通常準備一至兩樣供品搭配擺盤（也有以甜米糕鋪墊其下），紅蛋數量為家中人數，剝好的雞蛋可以現場食用或帶回家享用。

四、出席人員通常以媽媽為代表，為一家祈福，將家人的生辰八字寫於紅紙上，稟告諸神後置於供品上，供品以補運錢圍起，不讓好運跑掉。

跨越海峽的普度

這是我參加過跨越最遠距離的普度，分別在基隆與澎湖兩處。二〇二二年，農曆七月初四，在北海岸舉辦工作坊前，前往舉行緬懷清法戰爭法國公墓（清法戰爭紀念園區）的普度，現場由澎湖馬公遷葬而來的兩座墓碑，吸引了我的注意，分別為戴爾（Dert，法國海軍事務長）、若漢德（Jehenne，海軍陸戰隊中尉）。

回到澎湖後，七月廿六日，帶著緬懷的心情，沿著澎南二〇一縣道往風櫃尾，沿途村莊依著在地時序進行普宮口、拜門口，一路香氣襲面而來……

據臺南海關記載：「一八九〇年十一月，法國軍艦無常號（Inconstant）抵達媽宮，在該地建立一石碑，以紀念一八八五年陣亡於澎湖的法國海軍。」

我站在風櫃尾方尖紀念碑前佇立良久，望向馬公港，遙想百多年前的風起雲湧，煙硝四起的日子，午後陽光燦爛，灑落碑前平靜的海面。稍晚前往風櫃溫王殿的普度盛會，會中另準備一「盟軍桌」，擺放著各色食材，供奉各時期於此陣亡的荷、法、日軍等無形眾生。

百餘年後在無際的大海間，有著臺人中元時節相隔兩地，不分國籍、敵我的慈憫普施，兩處塔碑，一脈情懷，蒼茫中不致孤單。

參與了幾場澎湖味的普度，現場歡唱卡拉ＯＫ、祭拜圓滿後辦桌吃飯，人情味滿溢，征戰在歷史面前彷彿一眼瞬間，舉杯的觥籌交錯間倏忽即逝，而慈悲為懷的精神，在夏秋交界的午後，不分地域地進行著……

基隆沙灣法國公墓普度：七月初四日（年例）

澎湖風櫃溫王殿普度：七月廿六日（年例）

媽祖過海

中秋節前，東北季風未來時，是島嶼天氣溫馴的時節。

媽祖信仰起源自順天應時救度漁民的女子——林默娘，歷經千年的信仰發展，媽祖已不只是庇蔭海上漁民，而是不分海陸、漁業及農耕的全方位女神。數百年前隨著先民海上活動頻繁，中國大陸土地資源匱乏，渡過黑水溝討生活時尋求心靈慰藉，加上傳說助清軍攻克臺灣有功，信仰圈向外拓展，媽祖信仰因而成為民間最蓬勃也最親近的女神。媽祖帶領著先祖走過萬水千山，在定居社會逐漸成形，民眾迎請媽祖出海巡境，祈求海域澄清、漁獲豐盛、田畝五穀豐收，澎湖便是擁有媽祖海巡傳統的地區之一。

在臺灣，交通方式以陸路為主，媽祖穿阡越陌巡田園、謝平安，穿越溪流臺語稱作「潦溪」。來到澎湖群島，船隻是主要的交通工具，媽祖搭船巡海田，護佑漁民，很難想像如何徒步跨越海洋。

我在各地駐村時，常自行或與友人相約晴朗的日子，揹起媽祖神像行走古道，不論是淡蘭古道支線、鄰近金瓜石的山岳、金包里巡田水、木柵巡茶山，感受先祖的來時路。澎湖也有這麼一條來時路。自古隨著潮汐，在潮間帶「炤海」撿拾、採集所需的食材，挑著漁獲過海販售，自給自足也餬口，海洋作為澎湖的冰箱，是老祖先取用於自然，供需平衡的智慧。

澎湖的島際交通，除了搭船，有沒有其他交通方式呢？最知名的「摩西分海」是位於北寮奎壁山沙灘通往陸連島——赤嶼的路徑，距岸長度約三百多公尺，帶著好奇我上網搜尋相關資料。

每逢農曆大潮，海水降至最低時，海床裸露出海面的這段時間能徒步過海，這條路徑像臍帶連接著離島與本島。由於橋樑的搭建、交通工具演進，「員貝嶼至沙港村」、「城前村至大倉嶼」這幾條流傳百年至今的道路逐漸被遺忘，現在已鮮少有人行走。（另有後寮至金嶼、吉貝至過嶼等海上道路。）

二〇一七年我們揹著媽祖神像嘗試走回這條海上古道，稱為「媽祖過海」，簡而言之就是「潦海」。避免叨擾途經區域的生態環境，只相約熟悉海洋生態的朋友同行。

茲有澎湖縣員貝嶼至沙港村　承先賢開墾之海上舊道　於今歲次癸卯年荔月廿九

日　新曆八月十五日吉日良時　恭請　慈藝天上聖母　往員貝龍興宮　沙港廣聖殿參香　弟子眾等恭向境主尊神　合境眾神奉香禮拜　恭祝香火鼎盛　神光永耀

一行人搭乘近午時分的船班抵達員貝嶼，至龍興宮稍作休息等待退潮，看著海水越退越遠，整片潮間帶在午後完全顯露出來。

雖說海水退去，路徑顯露，不過行走仍非易事，邊走邊挑戰凹凸不平的玄武岩石塊，繞過珊瑚礁區域繼續前行，砂砱堆積的區域較好行走，但緊接而來是及於小腿肚一窪一窪的水潭，頂著烈日，行走四．六公里長的海上步道，約兩個小時抵達沙港廣聖殿。

行走在海上浪漫嗎？路途上阿輯向我們介紹遇到的生物，可謂大開眼界，退潮、乾潮後約莫一至二小時開始漲潮，看見對岸時，海水已慢慢上湧，海上之路切記不可戀棧。

生在海洋的國度，面對海洋資源枯竭及被破壞，媽祖海上繞行澎湖群島以及徒步過海，來自對海洋及土地的情感，藉由行為藝術及影像紀錄，喚醒大眾保育自然及傳統文化保存的重要。觀天象、潮汐而認識海洋，結合海路與陸路，在地既有的海巡文化與人文風情，信仰與生活密不可分地，連結古往今來。不論是摩西分海的盛名，還是需要腳踏實地的精神，貫通古今的一條道路，從心開始感受。

活動圓滿後，我將預先放置於媽祖轎上的香火袋分送給參與者，一枚海風吹拂過的「鹹香火」，有一步一腳印的汗水與微笑的淚水，是鹹的！

我在每個香火袋內，寫下「心，平安」三個字。不論什麼宗教，或信神與否，最重要的是找到人生的方向及出口，這無非就是最好的祝福！

我們的媽祖過海其中一場活動，請媽祖至澎湖群島最北端——目斗嶼作客，因地理位置重要，在日本時代起造了燈塔。燈塔是普照海面光明的堡壘，如同媽祖照耀人們心中的港灣，海上的光明與心靈的港灣相互呼應，守望百年心燈。

「通常出巡最北只到吉貝，幾乎沒有到目斗嶼過！」

「是不是媽祖指示來的？」燈塔管理員說。

他們向媽祖拜拜，說了許久心裡話，平常沒幾艘船靠岸，除了偶爾到吉貝，順道而來的遊人。島上的討海人們，更需要心的依靠。

我們回贈「鹹香火」，祝福北方之島的守燈人，一切平安！望著清澈見底的海水，思緒也澄明許多。

駐澎半年記

領受了澎湖強烈的東北季風，自春至夏歷秋有冬，半年的駐村才算圓滿。

二〇二二年與「離島出走工作室」合作田野調查，在村內進行訪談，主題包含：傳統漁法、留鄉／返鄉青年、從事木工行業師傅的經歷等地方記憶書寫。

對我（吃素者）來說，訪談漁法不是件容易的事（無法用味道記憶），連魚長怎樣都不知道，只好翻閱圖庫從圖像記憶開始學習，是個小考驗（連臉書都自動跳出捕魚的短片）。

「在媽祖面前殺生不好意思啦！」雖然顯得有點小心翼翼，訪談間，師傅也沒有停下手邊處理剛捕撈上岸漁獲的雙手。依靠海生海長的群島住民，依循著傳統漁法，不過度捕撈，給予休養生息的時機，行動順應自然運行。

住在澎湖這半年期間完成《臺灣媽祖曆二〇二三》手繪稿件，新年度的主題是臺灣各地商業同業公會所供奉的「郊行媽祖」。我將歷年來蒐集的相關資料集結，一一手繪媽祖畫像，新作一月以澎湖的「臺廈郊媽祖」開場。

「早期的商人，以郊行會館作為凝聚同業的場域，『臺廈郊』是清代從事臺灣與廈門貿易的澎湖商人，同業間確保商業利益及排解糾紛所設立。這些郊商除了生意上的往來，同時也參與地方公共事務、廟宇興修等，是社會組成重要的中堅分子，以媽宮（馬公）水仙宮作為會館。」

那半年在澎湖駐地書寫，說長不長，轉眼就過了。記得那時有記者問：「去過這麼多地方，有沒有住下來一段時間，有什麼差別？」

「每天傍晚時分，我都會去魚灶澆花，迎接我的是回程的晚霞，光影時橘、時紫變換無限，身為凡人只能獻上驚嘆連連，追尋著光影末端而去。

村子的長輩們早起，在我甦醒前一刻，手機裡已傳來長輩圖問候早安，居住於在地，看見日昇月落，與大家和睦一片，人情味是最珍貴的寶藏。」我答。

「創作上有什麼啟發嗎？」記者又問。

「曾經有一次，走在潮水退去的潮間帶，隨著風聲帶來整片嗶嗶啵啵的聲響，此起彼落遠近交鳴，彷彿聽見地球在呼吸，順應天時的生活，啟發了不少感受，我想起前夜繪製的媽祖畫像，剎那間感受到了聖母的心。」

從二〇一七年到澎湖駐村開始，說了好幾年，二〇二二年終於因緣具足，出海來展覽，開展前兩天，還在樓梯間做細節的調整。

「我可以先進去展場看看嗎？」她說。

「當然可以呀！」我回答。

一會兒她走出展場。我轉頭，看見她淚眼婆娑。「妳不會三秒落淚了吧！」

「感覺被媽祖環抱了，很感動……」她說。

「其實我也是！」布展到後來，憑著直覺，讓作品在場地中彼此呼應，相得益彰。

日光推移足跡，從太平洋行至海峽，故鄉東部的海，波濤滾動著礫石灘，勾鏤聲響隨著海潮漲退著，澎湖的海，平靜而溫婉，走在潮間帶靜靜聆聽有形的海波不興，無形則心有平安。

有時候，我喜歡在午後，隨著光影變化到潭邊村上帝公的小角落，那是我最愛觀賞日落的地方。約莫午後四點，天際灑下金黃日光，雲開見日，特別清爽！驟雨乍晴的群島，搵過海水還有雨水，細雨微風的好日子，特別甜。

最近種的幾盆，軟枝黃蟬、扶桑、桂花，陸續吐芽、開花了！看著它們成長，現階段的溫柔，無非是等待。人生的每個階段，如同小火慢燉，有些構想無法在一時之間完成時，總是跟自己說，應該還需要一些時間醞釀，朝著目標前進，最終能開出理想的花朵。

風呼呼地吹著，東北季風冷冽而強勁，思緒越顯清明，暖流來得晚了，魚灶的植栽被鹹水煙摧殘，顯得敗落不堪，我對菜宅牆角的植物們小小聲說道：「不論你們究竟能不能抵擋冬季的強風與鹹水煙，就算只開一季的繁花，有認真活過、熱愛過，值得一回生滅，就不枉費燦爛。」

腦中浮現大家曬黑的臉龐，面紋中露出的潔白牙齒，笑起來特別燦爛，即將離澎的午後，緩緩地在心裡向這些相遇告別。

臨行前，我到天后宮、紅羅北極殿、潭邊玄天上帝、文澳城隍廟、聖真寶殿向眾神請安告別，這些是初抵澎湖與相處最密切的地方，想起到澎湖的第一個任務，耐著嚴寒的天氣在潭邊東明宮旁的圍牆畫社區地圖，如今都變成美好的畫面。每段旅程總有未盡興之處，而我繼續走向下段旅程的起點……

即將離島而走，來之去之，交給東北風安之！我在海角、山巔萌發靈感，在心馳神往媽祖的道路上，偶爾投影在澎湖內海波心，如同候鳥般依著時節去去來來，我是，天空的一片雲……

「妳要來嘉義，眞的嗎？」——嘉義駐點，追憶玉山旅社

我們都太理所當然地認為，會有再見的時候……

二〇一〇年徒步環島來到嘉義時，住在北門驛前的玉山旅社，因為緣分找到這裡，它是一間時代感堆疊的老旅社，長途旅行當然旅費也是考量的原因之一。

建造於一九四九年，位居阿里山森林火車上下山要道，玉山旅社提供了旅人棲身之所，二〇〇九年在地方文史工作者的奔走下，租用管理、修復重生。

行程的疲累，對於周邊景物沒太多記憶，只被樹木掩映中的一方小天地，門前剛出爐的煎餅吸引。買好煎餅，評估體力尚可，便慕名前往洪雅書房，房主余國信當時正振臂疾呼發表了一場抗議宣言。

我在書房待了一會兒，就拖著行走一日的疲憊身軀，提早回旅社休息，準備好明日的行囊待一早繼續上路。

我帶著印有玉山旅社字樣的煎餅繼續旅程，每晚依依不捨吃一片，再細細包好，濃郁的香氣在齒間散開，彷彿剛出爐般溫熱，在靜寂的夜裡有咔滋咔滋齒嚼聲陪伴，是旅途中的美好滋味。

「妳要來嘉義，真的嗎？不要騙我！」近幾年因發行作品，與國信兄漸漸熟識，他總會用直率的口吻，每年邀請我到書房「助講」一場講座。

講座前，從玉山旅社步行到書房的五、六分鐘裡，我回想景物依舊，時光匆匆的心路歷程，開始認識周邊街巷，在記憶中找尋煎餅的滋味。

老房子對很多人來說存在著距離感，除了沒有現代化設備及寬敞舒適，還有一股陳年的味道，不過對我來說，是熟悉不過的場域，入住時通常是由我包棟獨居。

二〇二一年因申請到教育部青發署計畫之故，淺淺的嘉義市之緣，在進駐一個月期間展開。

駐點的這個月，是與玉山旅社最親密的相處時光，假日看著人潮來來往往，平日雀聲啾啾，咿咿呀呀的木地板，成為我們的通關密語。

晚上聽著鄰居的電視聲與煙味從牆與柱間的縫隙偷渡而來，清晨三點半，因隔壁開啟鐵門出入而驚醒，為此適應了好幾天。

我的房間位於二樓，一樓亭仔腳上方，轉角的兩面開窗正對北門驛前的共和路與沉睡森林，每天睡醒在書桌前，手沖一杯咖啡甦醒，在窗前寫作找尋不同的靈感，腦筋卡住便望向窗前，微風吹動林間灑落的日光，遊客上樓老屋伊呀地回應，構成了靈感風景。

我將計畫定名為「桃城『舊祀』有意思」，並在計畫中整理了關於嘉義城區的歷史介紹。

城市的發展日新月異，漫步嘉義市街頭，是否察覺有些陳跡漸漸被人們遺忘了呢？層層堆疊的歷史中，仍有股力量默默地守護這座城市……

康熙四十三年（一七〇四年），諸羅縣成為全臺第一座興築城池的城市，一是於平原上自我守備防禦，另一則是為了護衛府城。起初建築的材料為木柵及刺竹，隨著時間日久，木竹城已無法負荷天氣變化及歲月的侵蝕，加之戰事迭起，總兵殷化行曾經說道：「此地皆浮沙，時震動，城之不易。且孤懸海外，惟仗中國威靈統攝之，若僅化疆而守，即有城不足恃。」這段話成為日後於城樓供奉守護神的原由，不僅首開臺灣興築城垣先例，供奉守護神於城樓之上更是特例。

雍正年間，改以土竹為建材修築城垣，擴大西、北二方城池範圍。諸羅知縣劉良璧重建門樓，並砌水涵（排水系統），將東、西、南、北四門命名為：「襟山、帶海、崇陽、拱辰。」供奉守護神於城樓之上。早在戰國時代，便有前朱雀，後玄武；左青龍，右白虎的說法，以天文地理、風水五行為基礎，運用四方神靈、守護神行兵布陣之格局安排，以鎮守城池，收執掌四方、辟邪惡，調和陰陽之效。重修完成的城垣，因形狀略成蟠桃之形，而有桃城的稱呼。

一百多年後的道光年間，以磚石重修，增築月城及砲台，重命名曰：「迎春、性義、阜財、拱極。」自康熙年間初建城，至一九〇六年丙午大地震盡毀，日本時代街道改正而拆除，一共陪伴著城市渡過將近三百二十年歲月。

東門，舊址位於今公明路與和平路交叉口，東門圓環處，名曰「襟山門」（迎春門），開闊如連綿山峰之意，城樓上供奉關聖帝君。東方，象徵春天，百物勃發，青（綠）色為東方之色，亦為關聖帝君的代表色。

今公明路東門派出所至中山路普濟寺一帶，清朝時為「內教場」（兵隊操演所在地），因近內山，供奉手執青龍偃月刀，著青（綠）色袍的武神——關聖帝君，鎮守東門，而有「青龍關公」之稱。神尊現供奉於東安宮，與東門土地公一同守護地方。

西門，舊址位於光華路與中正路交叉口。城樓上供奉海神媽祖，今稱「城樓媽祖」。清康熙年間，媽祖神威助克澎湖，皇帝敕封天后寶號，為保佑航運之神。諸羅城西，為面海之方向，雍正年間，知縣劉良璧重建門樓，城門命名曰「帶海門」（性義門），供奉海神媽祖，以求進出人等平安順利，城樓拆除後，神尊供奉於嘉義朝天宮正殿，同享萬年香火。

南門，舊址位於今共和路與民族路交叉口。城樓上供奉觀世音菩薩，有「朱雀觀音」之稱。五行中，南屬火（陽），象徵夏天，寓意生生不息，因此定名「崇陽門」（阜財門），代表色為朱色，亦為觀世音菩薩的能量色。

此處為堪輿學上，城基龍脈通過之處。龍脈發源於關仔嶺，經南門外「龍過脈」（地名），又經西南側安平埤等水潭，向北延伸入北香湖，如遊龍踏水戲珠，觀世音菩薩坐鎮南面，以安城基。現供奉於鎮南聖神宮正殿龍邊。

北門，舊址位於今吳鳳北路與民權路交叉口。名曰「拱辰門」（拱極門），有北極拱照之意。城樓供奉玄天上帝，代表「北玄武」，身著北方代表色的黑袍，赤足仗劍（七星寶劍），足踏蛇龜，相貌威武，被視為保佑武運的大神。《爾雅・釋天》：「北極謂之北辰。」是由北方的玄武七宿（星）逐漸人格化，演變為「鎮邦之神」。古時天子位於北方，亦有拱衛帝都的意涵。現與土地公一同供奉於開甲廟中。

每到一個地方駐點，總想著可以學習及結合在地的想法。從前到嘉義市來去匆匆，托駐點的福，這次能夠好好地在城內走走。幾天走路下來，在城內幾乎可以不用導航帶領，穿過舊城區彎彎曲曲的小巷，截彎取直以最近距離到達目的地，品賞街邊林立著清代、日治、民國時期的各式建築物，如同時空走廊。時暖、時寒，犬吠汪汪、陰晴偶雨，穿越天氣、時空，感受城市風情萬種面貌。

每天午間，從玉山旅社行走共和路前往阡陌縱橫的東市場，有時候挑戰行走不同的路線，經過炊煙裊裊的店舖，向內探頭望了望，有點古樸感，藉由購買之機，向老闆娘攀談：「我明明才路過，那間壽桃造型很美的店，怎麼一下子又找不到了……」各攤位擺設琳瑯滿目的商品，把我搞得眼花撩亂，在光彩街上往返兩趟，才找回這間壽桃店。

八月初二是嘉義城隍——綏靖侯的生日，圍繞著城隍廟的東市場，同平時一樣熙來攘往。

前日已陸陸續續有信眾及宮廟送來壽桃、花籃擺滿裡裡外外，慶祝城隍爺的生日。這陣子也恰好趕上農曆七月普度尾聲，整座城市遵循著「城隍開普，地藏王收普」的「輪普」慣例，我則依舊以徒步的方式挖掘倏忽而過的「小城事」。

二〇一九年因協助「工藝在嘉 x 創意再加」展出，結識位於東門圓環大新工藝社的施志明老師，接手父親傳下的細木作工藝，他謙虛地說：「叫我大哥就好。」

計畫訪談一個段落後，步行到東門圓環邊逛市場、吃吃小吃，順道到施大哥家抬槓，一方面速度放慢，觀看不同角度的風景，另方面更貼近生活。邊走邊逛嘗試買不同店家的飲食或水果，觀察周遭的人物表情，順便打聽小道消息。

從共和路向南直走進東市場，有時會先左轉，往東門圓環的方向買碗麵，攤商看我常常在街區晃悠，手中大包小包，四目相交的時候便熱絡地打聲招呼：「妳好！」我也不好意思地點了點頭。

嘉義市說大不大，說小也不小，幾日踏查東西南北門，城內「舊祀」層層疊疊，彷彿走幾步就栽進「十六境」歷史深處，有點迷人卻又亟需爬梳脈絡。行走在廟口、市場，被不經意的問路，翻開書頁對照今昔，彷彿已然身處百年煙雲。

二〇二二年三月十三日，屋齡七十二歲的玉山旅社不幸被火神吞噬的消息傳來，北門車站前連棟木造老屋付之一炬，它曾是往來平地與山區之間，小販及旅客最佳的投宿選擇，我成了長住客的壓軸，於心不忍，至今沒去現場憑弔。

「人生得意須盡歡，莫使金樽空對月。」這幾年結識的人多，在旅行中得到許多方便，不知道還記不記得因愚勇隻身前來的自己，當時的模樣，可能我早已忘了。午後雷陣雨猛力地下著，街道頓時霧氣瀰漫，只願在沉睡森林的美夢中，保留記憶的美好，不要被現實驚醒。窗外的蓮霧時不時落下，偶一為之而後成群結伴，我才驚覺落成一夜大雨。所幸當時勇敢，才有這幾年豐富多彩的生活。

下個十年，不知身在何方，也許等待有朝一日重建後，再回一期一會的玉山旅社小住，傾聽時空交錯間，雨中落果的兩樣心情。

參考資料

石萬壽，《嘉義市史蹟專輯》，嘉義市政府編印，一九八九年。
陳俊文等編，《檜屋 市集 老時光：漫步嘉義共和路》，嘉義市政府文化局，二〇一四年十二月。
江弘祺等著，《嘉義，非旅遊書》，個人出版，二〇一八年六月。
石萬壽，〈嘉義城之建置〉，《臺灣文獻》第六十卷第二期，二〇〇九年六月。

手繪媽祖與我，自攝於鹿野的工作室。

以孔版印刷作品布置的手繪媽祖牆面，於鹿港力野茶陶所展出。

二〇二一年，於新竹或者文史書房布展。

新竹玫瑰色二手書店展出徒步環島時蒐集的各地媽祖廟宮印。

二〇二二年，澎湖植隱冊室展出，作品與書架完美結合。

二〇二一年，鹿港茉莉人文環境教育中心，老牆面相襯展出別有一番風味。

1

2

3

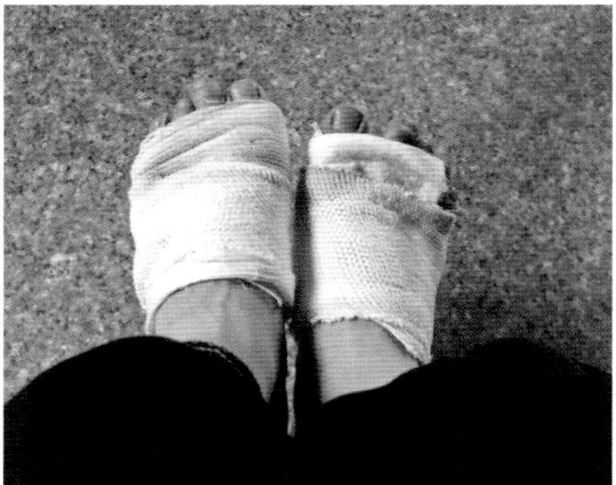

4

1 ｜恭請大甲媽祖的香旗，從遶境進香、徒步環島至各地旅行，陪伴我十五年的時光。

2 ｜二〇一〇年，跟隨大甲媽祖進香時的裝備。

3 ｜二〇一五年，〈衝勁〉。這張影像作品獲得第一屆「白沙屯媽祖進香之美」攝影比賽冠軍，是媽祖婆給我的鼓勵。

4 ｜百里而行，包紮略顯浮誇。

1

2

1｜萬頭攢動，跟隨白沙屯媽祖、山邊媽祖的腳步同行。

2｜北港進香回鑾隔天，有幸在遊庄時第一次扛山邊媽祖神轎，緊張又興奮。（攝影：巫定儒）

3｜宜蘭漢本火車站，遇見路途上第一位相談的旅人。

4｜抵達玉里市區，經營麵店的母女笑說：「第一次有人走路到我們家耶！」

5 ｜二〇一〇年十月十日，跨越北回歸線，往玉里的路上，遇見零元環島的腳踏車騎士。

6 ｜二〇一〇年十月十六日，獨身步行於屏鵝公路，吸引環島騎士的好奇與攀談。

金包里二媽野柳作客，返回媽祖洞，信眾齊心朝拜，象徵著飲水思源的精神。

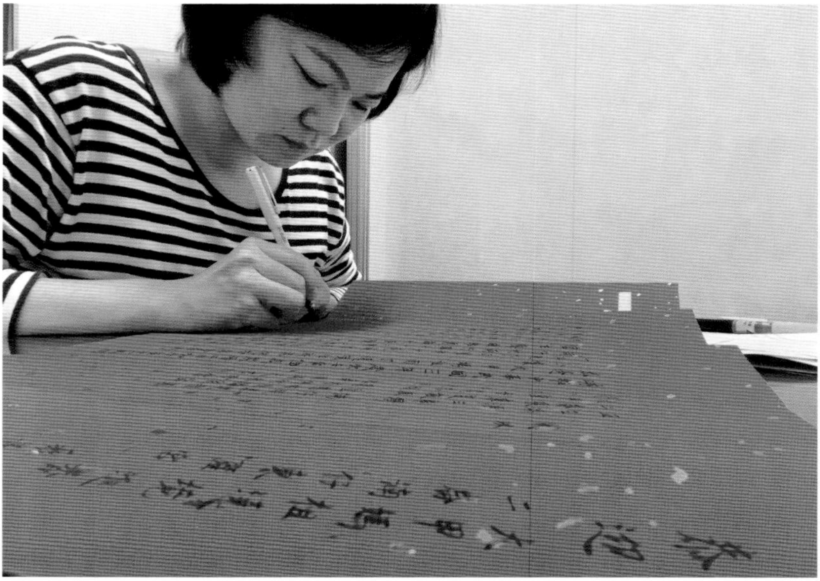

每年都會寫封信給媽祖，手寫祈福疏文，為大眾一同祈願。

全程步行於具高低落差的階梯與道路上，兼具虔誠與體力的金瓜石迎媽祖遶境。

改良傳統竹編為易組裝的紙構架，燈面繪製馬祖意象圖文，手工製作的風燈，擺設於元宵擺暝的供桌上，別具風味。

二〇二一年正月初九，鹿港拜天公儀式，由我代表敬獻旺來。（攝影：許翰殷）

鹿港傳統的紙糊天公燈座與頂廈桌供品擺設。

二〇二三年，於大退潮時恭請媽祖徒步過海，由員貝嶼至澎湖本島沙港村，跨越島嶼間的距離。（攝影：吳鷗翔）

慈藝媽祖陪同金包里二媽野柳作客，一行人至女王頭合影。

登都蘭山需要手腳並用。（攝影：莊翔）

1 | 慈藝媽祖初抵嘉明湖，雲開霧散。（攝影：謝曜同）
2 | 手繪媽祖，不丹結緣。
3 | 與蓮花生大士初抵不丹的聖地，海拔三一二〇公尺的虎穴寺合影。

前往第十二番燒山寺的遍路道，上氣不接下氣，考驗體能與毅力。（攝影：吳皇圻）

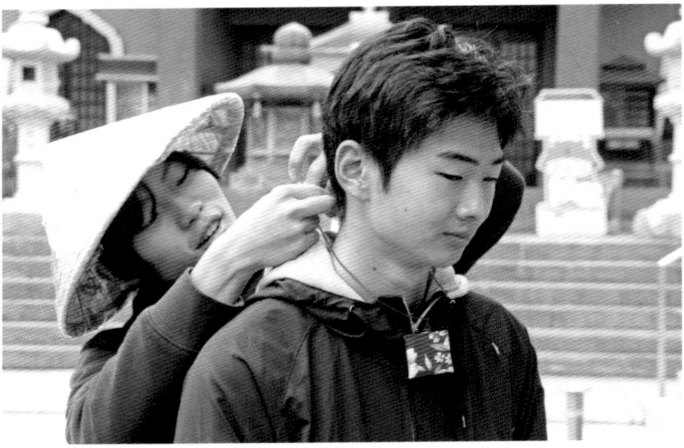

第十七番井戸寺，遇見從神奈川前往四國遍路的滑板少年。我將手作臺灣香火袋與他們結緣。

終於完成四國遍路巡禮啦！（攝影：鄭宇展）

遠

PART

4

遊

「該怎麼稱呼您？」——我供奉了一尊「慈藝」媽祖

二〇二〇年六月廿一日，端午節，陽氣旺盛的夏至來臨，卻遇上天狗食日，晴空彷彿戴上遮色片。日光被月球遮蔽產生日環蝕現象，天空中太陽缺了一角，午後稍稍降溫，到慢慢透出戒指光芒，而後再度與大家重新見面，雖然歷時不長，還是引得眾人圍觀。

民俗上，日蝕、月蝕都帶有反面意涵，天文界引頸期盼，陰陽消長之間的讖緯，還真是難分難解呀！

這天是中港慈裕宮洗港祭江的日子。

端午時節天氣濕熱，蚊蠅蛇蠍等百毒大肆活動，細菌病毒滋生、疫病流行，自古以來就有「惡月」或「百毒月」之稱。竹南中港地區開發較早，船隻可由出海口逆流而上墾拓，時有傷亡，沿途居民相信水靈會順流而下，相傳在清康熙末葉即有在中港溪口設案拜祭的習俗。

清領時期的閩客械鬥造成射流溝（地方俗稱護城河）、中港溪堆滿死傷無數，成了性喜生長於沼澤、溝渠，污濁又泥濘水域的雜食魚土虱最佳的生長地點，地方流傳著一句俗諺：「土虱多，也沒死人骨頭多。」便是歷史的見證。

端午「洗港祭江」的習俗，歷史由來已久，選擇這個時節恭請媽祖出巡，一則帶有撫慰眾靈的慈悲胸懷，再者以驅疫避瘟及緬懷過往的氛圍，安穩地方民心，祈保山海清淨、一年順遂。

五月初一，是洗港祭江儀式的前導，由慈裕宮中壇元帥「敕符」，包含七十二步路符、橋頭五方符與手符，午後恭請中港媽祖、光明宮玉皇三太子及眾神至堤防安營，將新舊令旗置換，並犒賞兵馬一年來守護地方的辛勞。

太子爺安座於四人扛的輦轎之上，行進時上下震動與轎環敲擊出規律的節奏，神駕降臨（發輦）時，轎身呈現超過九十度傾斜，藉由傾向一邊的轎椅與桌面觸碰，書寫文字或指示。向主神參禮時，小轎班人員扛著輦轎，全數趴至地面，原地前後或是以畫圓的方式擺動，因而有「倒頭神明」之稱。

初五一早，媽祖出巡的路線上，每隔七十二步安置一路符，並放上米、鹽，象徵兵馬的駐紮，以維護出巡隊伍威嚴、合境平安。地方上曾傳說阿婆帶著肉粽前往堤岸祭拜，無形的力量拉住阿婆的手欲討些吃食，後來參與祭典的工作人員，將媽祖符令摺成八卦形，以紅線綁於左手護身，稱為「手符」（因有時需要方便，而綁在左手）。

洗港活動於午後正式舉行，出巡的路線由三太子輦轎帶領，中港媽祖及竹南地區眾神尊遶行街面及周邊舊地，沿途經射流溝，及數次意外事件發生的地點，於每座橋安五方後，輦轎會向出海口的方向奮力一衝，將不好的能量往外送，隊伍浩浩蕩蕩集結至中港溪出海口，舉行祈福儀式。

媽祖神轎及隊伍就祭壇定位，約於傍晚退潮時分，工作人員已預先堆放五處紙錢，包含獻河海域眾神的金紙，及下施眾靈的銀紙、巾衣，主祭者念誦疏文後，由乩身於陸海交界處開啟儀式，數十座輦轎衝下泥灘地，由中間的紙錢堆開始，再逆時針依次繞行各方紙錢堆，左右搖擺進行加持。儀式的最後，慈裕宮先鋒三太子將無形送至出海口。

祭典圓滿，所有人噤聲（不回頭看、不呼喊名字）返回，以避免不小心將送走的客人帶回來，太子爺的轎輦會轉頭面向出海口「押後」倒扛前進，確保沒有漏網之魚或「回頭客」。

儀式的舉行象徵著面對歷史及地方發展過程，族群融合的縮影及總結，是具有悲天憫人、飲水思源精神的夏季媽祖祭典。

學生時代正式與媽祖結緣，因友人的介紹，結識了當時在慈裕宮工作的佳淇姊。我供奉的「慈藝媽祖」，由中港慈裕宮恭請金身，每年端午假期，便會回竹南小住一段時間，參與洗港祭江儀式，也恭請慈藝媽祖回宮作客數日，算算二〇二三年邁入第十個年頭。

二〇一三年，我在鹿港桂花巷藝術村駐村時，空間陳列著手繪媽祖作品，因而發想恭請各宮廟的媽祖婆前來鑑展，並於元宵節舉辦一場點心宴，感謝媽祖帶給我的啟發。連著數日前往各宮廟迎請媽祖神尊，一一擲筊請示駕臨工作室，北從香山天后宮、白沙屯拱天宮三媽，南至北港朝天宮、新港奉天宮籤郊媽等二十多尊媽祖，友人一整週協助開車往返迎請，至元宵節前兩天，由六房媽祖爐主親自恭請媽祖駕到，才算是集合完畢。雖然工作室有保全，不過各宮媽祖身分貴重，那幾天還是繃緊神經，本就晚睡的我多撐幾小時，親自守門到天亮才安心。

活動圓滿後一一請回，也代表鹿港駐村一階段的圓滿。恭送眾媽祖回宮的尾聲，看著中港媽祖端坐案上，頓感不捨。

「雖因旅行常移動，沒有固定居所，創作的收入並不穩定，大部分都用於生活開銷及交通，在這裡香火及供養不如廟內周到，但擁有一份誠心，如聖母不介意因旅行常搬家，是否願意留下來讓我供奉呢？」擲筊是一翻兩瞪眼的抉擇，心中忐忑的卜筶。

媽祖賜給了我三聖筊。

「該怎麼稱呼您？是大媽、二媽還是三媽呢？」我問。

祂想要另取一個聖號，我便以中港慈裕宮的「慈」，藝術創作之「藝」請示，再連擲了三聖筊，取名為「慈藝媽祖」，寓意守護創作的媽祖。

我曾在年節時打了一面金牌，獻給媽祖。「若是有一天錢不夠用了，再跟您借好嗎？」

「笑。」媽祖笑而不答。

倏忽十年過去，當時的金牌還留著，現在想想，若錢真的不夠用了，那麼一小面金牌，也救不了燃眉之急，難怪媽祖笑我！

每年媽祖生日，我都會寫一封信給媽祖，回想這幾年一起旅行的經歷，感恩一切。

親愛的媽祖婆，一年一度您的誕辰於今來到，前些日子翻閱紀錄，今年供奉您正好滿十週年（二〇一三年至二〇二三年），日子過得真快，這十年我們一同相伴前往許多地方，說來真是不簡單。

吾學生時結聖母緣，始環臺巡訪聖跡，數度至中港慈裕宮，見媽祖殿中聖母微笑相視，乃心念恭請中港媽祖分身，爾後亦數次前往朝聖。殿中聖母舉凡信者開業、入厝、迎娶等，迎請中港聖母作客，信眾敬奉福圓，乃以「呷圓仔媽」稱聖母。

二〇一三年，舉辦「跟著媽祖去環島——圖文創作攝影展」巡迴臺島，恭請中港聖母至苗栗鑑展，爾後恭請分身，乃取慈裕宮之「慈」、藝術創作之「藝」，三聖筊定「慈藝天上聖母」聖號，供奉至今……

還記得十年前請您出宮後的第一站，是苗栗市的老家生活藝文空間，當時舉行空間開幕的第一場展覽，「跟著媽祖去環島——圖文創作攝影巡迴展」（二〇一三年十月二日至十月廿五日），展出徒步環島時相關的文字書寫及影像作品。今年「老家」也滿十歲了，這十年來，彼此互有成長，前些日子鵬文來臺東舉辦地方創生講座，提及十年因緣不空過，特地來您座前誦讀經文結緣。

在這吉祥的日子，向您至誠祈願，祝禱風雨順時，天瘟永息！

人世間許多災厄聚散，天地災變無一不是因為人心的貪、嗔、痴與妄為所致。我何嘗不知道，生、老、病、死是人間常態，只是人們在災難的氛圍中不免灰心。願您的光明與慈悲，護佑眾生渡過災劫，並在無常生滅中，依止善法得到心靈的依歸與解脫，這無疑是人生中最重要的一門學問與功課。

從一開始踏出舒適圈的旅行交遊，好奇心驅使試想觸碰夢想的邊際，近年來自覺修為不足，減少了出門奔波，多數時間駐地安住，多了許多在地互動及自我觀照、內省的時間，也許香火並不一定鼎盛，交陪也有侷限，不過反求諸己、潛心自修，一縷清香也不失為一方淨土。

我不祈求一路順遂，那只會使人安逸，正如人生起伏有高有低，患難中見真情，無常中得見真常，反倒更需要您普降甘霖的滋潤，在慈悲法水下，提起正向的心念，來面對生活中許許多多的失落及困難，願在艱困時常保初心，反省自己有意無意之間傷害了他人及眾生，在您面前真誠地反省，提醒自己不再犯同樣的錯誤，並時時依止您的德行與正向能量而行，祈求您為世間撥雲指路，彰顯心的光明與力量。

人也許無法在一生中，窮究所有，不過藉由交流，可以得到不同的生命經驗，步履緩慢前進，探索自我與對話，用雙腳丈量方寸之間的風景，反芻內心的絮語。遊歷各方的發想，落實在作品上，讓見聞者生歡喜心，也有您慈悲的祝福。有太多值得窮盡一生學習的經驗，是照見自我的一面鏡子，也是知音！

感謝您賜予我這些年豐富多彩的日子，在您的指引下，願我能在在處處做個心地光明的人，與人們相處交流，得到人生的智慧及處世的圓融，是這一生的寶藏，願我能生生世世，不忘失這心念。

感謝貼心提醒，溫暖陪伴，恭祝天上聖母聖誕千秋！祝福您聖壽無疆，德行圓滿，神恩廣被！

恭請您慈悲尊證與加持

沐恩弟子常涵叩首敬拜

「有心、發願而實際行動。」——恭請慈藝媽祖登嘉明湖

出發前兩天，做了個五色祥雲的夢。

連綿的雲層中，有百百千千神尊，各放其光，將雲彩照耀得七彩光明。有似曾相識的神明，也有不認識的，在雲層飄渺之間，又現百百千千神，身處光明淨域，各現法身莊嚴，而後醒來。

氣象預報著近日降雨指數，排定登嘉明湖這幾天遇雨，可能取消行程，對第一次登高山的我來說，前進有無數未知的挑戰，退一步就可以如釋重負地逃脫，從開始規畫到上路，懷著忐忑的心收拾好行裝，鎖定氣象臺到出發當天一早，依舊預報著霪雨霏霏的天氣。

確定啟程！

我們相約在關山車站集合，由廖少開車載我們一行人來回向陽登山口，於管制站登記後，開啟了這趟旅程。

山間霧氣蒸騰，越往上走，雨絲漸漸籠罩四周，伸手不見五指的距離，任由雨滴劈哩啪啦拍打在身上，只能看著腳下的山徑或前方夥伴的黃色雨衣判定方向，靠著有限的體力與意志力行走，盡量維持著規律，耳鳴的環繞音場中，聽著撲通撲通的心跳聲及清晰的喘息聲，藉由打哈欠與吞嚥口水緩解不適，平常被輕忽的生命運作，在脆弱時刻被放大檢視，原來活著的感受是這樣的。

不見盡頭的山徑，衣服乾了又濕，分不清是汗水或是雨水間抵達今晚的落腳處——嘉明湖山屋。「終於到了！」喝著夥伴煮的熱飲，暖意頓時籠罩，前進天使與後退惡魔拉鋸間的此消彼長，前進天使贏得這一局勝利！

明早要踏著漆黑，前往目的地——嘉明湖，今夜必須早一點睡。裡層快速換上乾衣裳，再將禦寒衣物層層穿回，夜裡瞬間降溫，趕緊鑽進睡袋中，不過濕度一點也沒放過人的意思，彷彿浸在睡袋中一整晚，未到起床時刻在冷冽中醒來。身旁其他山友已陸續起身整裝出發，我們一行也隨著前行者的步伐，一個個頭燈接續，點亮S型山徑，「哦！該是日出的時刻了。」如同某種祈願儀式般，在陰雨中迎來白天。

急促的呼吸之間，生命渺小而存在；山色變化，霧靄未開，原以為只能憑著照片中的印象，在蒼白中想像嘉明湖的樣子。抵達湖畔雲霧頓時散去，撥雲見日乍現光明，夢境真實似幻在眼前呈現，我請著媽祖神尊至湖畔石上稍坐，長跪至誠念誦：「恭請天地山川湖泊眾神、有情等眾，吾等至誠恭敬禮拜、讚嘆，守護斯土之功，祈願增上道品，同證無上道。聖像所到，在在處處，廣結善緣，普度群黎。」語畢，湖畔獻酒後，繞行湖面一匝祈願。

回程路徑依舊被雲雨籠罩，至叉路口本想直接下行，不再挑戰百岳山頭，不過想著下回上來不知是何時，便以手腳並用的方式攀爬上石塊，繼續往向陽山的方向前進。

臨上山頭的一刻，雨停了，雲霧降下環繞在山頂四周，玉山東面及群山環抱展現在眼前，陽光透過雲霧反射、經由水滴圓形繞射，形成俗稱「觀音圈」的七彩光環，一圈一圈的光暈，大大小小環布山頭。

「出大景了！」同行友人說著。

「因為媽祖到來，所以在氣象預報天氣不佳的狀況下，冬天還可以看到這樣的景色啊！」身旁登山客說著，相機快門不停按下。

我們待了一段時間，拍飽攝足返程下山，一瞬間風從四面八方吹來雲霧集會，山頂再度被籠罩並下起雨，山徑又蒙上一層神祕的色彩，時機巧合的無縫接軌。行走至山間交會口，聽聞由近而遠迴旋於山谷之中的螺旋槳聲久久未歇，在雲霧籠罩且能見度低的條件下，飛航於此實屬難事。

「應該是祂們向我們道別吧！」夥伴說。

很多人常常問我神蹟靈感與否、真實與否，或是得到了什麼指示，我通常笑而不答。追逐著外在的事物，祈求靈感萬千，是否觀照了自己的內心呢？「發而皆中節，謂之和。」「竭誠自可轉凡心。」敬如在，無所分別。回家後搜尋了關於嘉明湖的傳說，才知所聞不虛。

將行李中的衣裝穿上身，想減輕點負重，多穿了行走不便，少穿則寒風尾隨而來。原以為下山會輕鬆點，不過還有數個陡坡需要挑戰，一時喘不過氣，走走停停間，我立定深呼吸十秒再慢慢起步，隨著海拔逐漸降低獲得不少抒解，少了上山時的窘迫，呼吸更顯順暢，開始有心情跟夥伴說說笑笑。

「中文系學些什麼呢？」謝同學問我。

與謝同學的結識，在太平媽遶境大會香期間，他對我揹的刺繡香旗袋感興趣地拍了又摸，問我裡面裝的是什麼。

「怎麼可以隨便摸他人的東西呀！尤其是聖物。」當時的我是這樣想的。傳統上來說，個人的香旗（代表媽祖）或隨身佩帶的香火袋，是不可以隨便給人摸的，說法一是每個人磁場不同，另外則是，「你怎麼知道對方剛剛摸過哪裡？」（笑）進香的前輩這樣說著。

總之在不打不相識的情況下，我們成了進香期間，一年一會的香友。當我提出登百岳的計畫時，「護駕」媽祖登嘉明湖，他順理成章地成為了夥伴一員。

「中文系所學無所不包呀！包含文學、歷史、哲學，歷代詮釋的轉變，簡單來說，無非是文字、聲韻、訓詁，也就是字形、字音、字義隨著時代改變，成為後世學人思維、辯證的課題，討論的範圍包含當時的時代背景、變遷及氛圍，因為這些環境因素，而有轉變的結果。廣義的來說，我認為可以以司馬遷先生的『究天人之際，通古今之變，成一家之言』為標竿。

子曰：『仁者，人也。』中文系更重視的是人文的關懷，民胞物與的精神。人格及學問養成教育的基礎是由內而外，推己及人，將自己所知所學，融會貫通成自己的寶藏，無非是『成一家之言』，養成獨立思考的能力，在時代的風起雲湧下，走出自己的路，行萬里路勝讀書萬卷，是作為知識分子的道德與浪漫，不忘記老師的教誨！

除了生硬的形、音、義，在山巔、海隅、林間，還有歷代文人步履的浪漫，亦步亦趨地迴盪在我心頭。」

我很慶幸在被隨機提問時，還可以背出這麼多記憶。

「那妳覺得請媽祖神尊來，會與環境形成什麼交流嗎？」謝同學總是很喜歡跟我哲學思辯。

「媽祖神尊是存在於有形世界的憑證，許多人讚嘆神尊的莊嚴，這只是外表的，使見聞者可以生起歡喜心，實際上神靈是無形，遊於虛空。請媽祖神尊到嘉明湖，不僅僅是信仰的心，還要付諸行動。我讚嘆玄奘法師，是千古名僧，更是高僧，他將信仰之心付諸行動，歷經數十載往西域取經、譯經，對我來說，不僅僅是歷史留名，更是仰之彌高，在心靈與行動之間，追求自性的光明與成長，是信仰的價值所在。

天人關係，自古以來都是人們所探究的、欲探究的課題，不論是自然天、哲學天或是宗教天，而歷史發展的脈絡，更是鑑往知來的借鏡。

《書經》中提到『惟命不於常』，意在說明天命無常，提醒我們修德的重要，變數勝於常數。每個人人生的課題，是一輩子的功課，有些人歸咎於神明的考驗，或是命運的安排，我以『境隨心轉』這個概念來詮釋，少思寡欲、常樂知足便是心靈富足的不二藥方。

《了凡四訓》中言：『命由己作，福由心生。』

《詩經》中也說：『永言配命，自求多福。』人的命運決定於積極的人生態度，神靈默佑，卻又不可避免己身因果，所謂『不欺暗室』，便是推己及人從自身做起，『學為人師，行為世範』，這些不單單是媽祖教我的，而是古聖先賢累積下來的智慧結晶，需要自己有信、願、行，去做、去實踐。許許多多的先行者，在歷史、在前方作楷模，在我看來，行萬里路勝讀萬卷書，光靠想像、感受是不夠的，必須實際體驗，才會真正地落實在生命記憶中。

舉個例來說，沒有去過嘉明湖的人，看著照片中的風貌，想像嘉明湖的樣子，與實際到現場所見，程度上是不同的，想像跟現實間還是有些差距，想像是美好的，現實的臨場感受最為深刻且真實。

嘉明湖是位於海拔高三三一〇公尺的冰斗湖，距今約六至七千年前遺留下來的冰河地形，我們的身體來到湖畔，過程中磨練自己的心性及意志，感受天地雲雨，同樣的，有形的神尊巡遊，使見聞者生起信心、信仰心，我們看到的是形色的外在，實際上是無形的磁場交流，比如身處在能量較高的地方，會提升己身的能量亦同。媽祖神靈遊於虛空，藉由有形的外在，與天地自然、山神土地、水神精靈，無形的能量以及數千年歷史、土地交流。

生命中淌流的，不會磨滅，只有深刻。人家常說，心意到就夠了，心意到了，就夠了嗎？有心、發願而實際行動，這是我認為追求人生的價值，信仰真諦的所在。」

雖然是簡單的提問，我的想法總是傾巢而出。

我將一路上的感受默念著：「觀山觀雲觀自在，無非世間生滅；見日見月現光明，照見自性無礙。」

雨時緩時急，臺灣二葉松的針葉布滿林道，如毯。

雨後清新、寧靜而芬芳，「是芬多精吧！」心中這樣想著。

霪雨霏霏的夢，七彩雲夢，登山口在閒聊間抵達，只有腳痠真實存在著。生命有時，天涯有盡，越過生命的山丘，在呼吸之間，哲學之道該是綠色的！

歲在乙未二〇一五年陽月廿五至廿七日，恭請慈藝媽祖登嘉明湖。

嘉明湖海拔高三三一〇公尺

三叉山海拔高三四九六公尺

向陽山海拔高三六〇三公尺

感謝同行

陳明翊、廖少文、謝曜同

「媽祖怎麼搭飛機呀？」——慈藝媽祖拜訪不丹

聖母，起初是海神。

海拔三千多公尺的臺灣嘉明湖，曾出現祂的身影，在百里之外，海拔三千多公尺的世界屋脊之國——不丹，也出現了祂的身影。

沒想到這麼快就決定前往不丹旅行的行程，起先是朋友邀約，後來由我隻身參與了朋友友人的旅行。

行前查閱了關於不丹的旅遊資訊，身處通訊便利世界的我，開始擔心在不丹時與外界聯繫的管道是否暢通；由於吃素的關係，也擔心食物是否適合。

不丹，實在來說距離臺灣不遠。這個國家位於印度以北、尼泊爾以東、西藏以南，位於喜馬拉雅山的崇山峻嶺間，由於有高山作為屏障，路途相對遙遠。

從臺灣至泰國轉機，清晨時再搭乘不丹航空前往，路途及機場內的等待，讓行程變得漫長。

這次的不丹之行，從出國當日到回國，橫跨了農曆與國曆生日期間，啟程後才發覺，原來最驚喜的生日禮物，就是生日那天得在機場渡過。

「媽祖怎麼搭飛機呀？一樣要過X光機嗎？」這問題是很多人心中的疑問。啟程前，我向媽祖稟告，因搭乘飛機的原因，會將神像以壓克力盒保護，置於上層行李箱中，委屈聖母一小段時間。（若高度無法置於上層行李箱，需另購座位。一般行李可放置於座位下方。）

順利通過海關檢查，準備登機。

請媽祖到不丹，在旅程中總讓我感到忐忑，出發之前，我再三確認出關流程，以及不丹民情。在海外，大家可能不認識媽祖，也可能並不知道臺灣的神明有出門作客、交流的習俗，讓旅行充滿著不確定的因素，其次，便是入境不丹後，怎麼介紹來自東方海疆的聖母——媽祖。

但這個問題，並沒有困擾我太久。

進入不丹海關時，聖母通關的單子上便簽著 Chinese Tara（度母之意），視為觀世音菩薩的化身，稱為「度母」也無不妥，因此這尊來自臺灣的慈藝媽祖，在不丹成了「度母」。人們好奇的眼神圍繞在車窗邊，看著這尊陌生的神像，你一言我一語地討論起來，有時候友人會協助解說聖母來由。

離開布姆塘這天，我試著走到這幾天常經過的水車轉經輪處，是一間閉門的屋子。屋中三座大型轉經輪，運用水流動力轉動著，每轉一周觸動了法鈴，便會發出叮、叮、叮的聲響，甚是好聽，因為水流及鈴聲的關係，才知道原來有轉經輪在其中。我沿著牆邊繞屋三圈，口中稱念大悲觀世音菩薩聖號，守屋的是一位伯伯，坐在緊閉的門前，手中搓揉著燈芯，在我經過時默默抬頭，而後繼續他製作燈芯的工作。

繞屋三圈完畢，他起身開門，我好奇張望著，他示意要我們進屋。日光微微照進屋內，我們頂禮起身後定睛一看，才發現牆上畫滿了諸佛聖像，他向我們介紹門上的照片，是尊貴的上師。

離開時，我以手繪聖母圖像與他結緣，老人家不太懂英文，他專注看著畫像舉起輕觸額頭，以表敬意，緩緩地走進水車房，將畫像供奉在供桌上。

我為他留影，微笑告別。

建於一六九二年的虎穴寺（Tiger's Nest；亦稱塔克桑寺 Paro Taktsang）距今三百二十四年，坐落在帕羅峽谷之上九百公尺高的懸崖，相傳蓮花生大士騎雌虎從西藏飛來此地降伏魔障，而後在洞穴中閉關數月，是不丹最神聖的寺院之一。

因受過祝融之災，安檢格外嚴格，寺院內不能拍照（不丹所有的佛殿皆如此，虎穴寺尤其嚴格），隨身物品也需寄放。偶遇一位攀登虎穴寺的朝聖者，以念珠及頭部輕觸聖母神尊，以表敬意，我用簡單的英文向他解說這是來自東方的聖母「媽祖」——母親的集合名詞，他懂得。我們用英語交談著關於聖母來不丹遇見蓮花生大士。

「你們從這麼遠的地方來，這尊神聖也是菩提薩埵，來與蓮花生大士見面，相互友好，提升能量！」他說。

「在環境天然及純淨之地，不只是神，連人們的能量也提升了。」我說。

媽祖神尊被允許進入虎穴寺！

日光透過窗櫺照耀進殿，老喇嘛像一尊放光的菩薩，顯得格外慈祥，迎接著每一位貴客到訪。拾級而上，一步一步跨上陡直的台階，安靜地聽得見自己的氣息，佛殿中，不丹友人帶領著我們，以衣袖摀著口鼻輕聲交談，以免口中穢氣對佛菩薩不恭敬。

我們穿梭於各殿禮拜，意外的訪客依舊引來大家的目光。一位來自巴西聖保羅的女士，因為行程相近之故，我們常在諸如寺院、機場、景點遇見她的身影。言談間提及，她已退休，這些天來到不丹旅行，其後前往印度再回巴西。

她說巴西也有寺院——如來寺，是佛教的道場。對於我請著媽祖一同旅行覺得很新奇的她，真誠地說著：「妳與旅伴媽祖今年來不丹，明年前往日本，後年就可以到巴西拜訪如來寺。」

「巴西呀！對我來說實在是有點遠。」我說。

「正如我從巴西來不丹，也是飛越半個地球同樣。」她說。

步出虎穴寺時，飛瀑間一道虹光，清晰地展現在眼前，我想，寧靜致遠於天地之間，時時保有虔誠與良善的心念就是蓮花生大士最美的應許。

與不丹人交談，英語對於年輕人可能派得上用場，但年長者行不通，我才明瞭不論何種語言作為工具依舊存在著種種限制。

雖然語言不同、理解程度有限，宗教上的表現形式也未盡相同，在不丹遇見的人們以及朝聖者，對於聖母所能理解的範圍超乎我的想像，超越形像的異同，時間與空間的限制，無分人我之間。

自不丹回國後，常有朋友問我，是否如媒體報導的，不丹真的是快樂之國？

「當然！」我答。

雖然很多人、媒體，去探究快樂的原因時，常會以資本主義的角度來切入，文明與否？快樂與否？開發？封閉？我們常被二元對立給框架了。

「子非魚，焉知魚之樂耶？」

大家認為不丹是快樂的，而至遠方尋求快樂，無非是緣木求魚。不丹人的快樂，來自於對生活的知足常樂。快樂並不是被賦予，而是來自於身心和諧，意念的調伏，從自己的心開始。

所謂的文明，有時反倒是一種束縛。群山與人雖有距離，動靜之間，卻休戚與共的共存著。時時提醒自己，找到身為人的本能，本來面目。面對客觀的景物，在寧靜中尋找解答，好好地看看自己，觀照起心動念，那將會得到天地間的自由。因為相契，所以相遇，得天地之大機，食禪悅之妙味。

「從前感應事蹟如此多，為何現今不得見？」

「因為現代人多不信神，不善、不至誠，因而不相應故！」

相傳蓮花生大士在不丹境內埋藏了許多伏藏（藏文原意為「埋藏的珍寶」），等待後世的伏藏師取出，以弘法利生。雖然現代設備逐漸進入不丹，也許幾年後，大家使用手機，超越了精進修持。仍願蓮花生大士埋藏的寶藏，默佑著這片純淨的土地，保有心靈的自由與環保。有著蓮師的祝福，我相信這片受佛光默佑的土地，生生世世都會是快樂的。

山澗中涓涓細流，自喜馬拉雅山脈匯流、湧出的泉源，再經崇山峻嶺而入海洋。當風吹過懸掛經幡的地方，無不蒙受諸佛菩薩的祝福，傳揚到地球上的每個角落，在世界屋脊懸掛上聖母香火，願此祝福匯流至江河海洋。

靈山不在遠方，吾心歡喜，在在處處，無一不是歡喜的。科技蒙蔽了人類與生俱來與天地感通的能力，找回這些能力，不是談玄弄虛，而是從自然中找尋、觀照。不丹就是這樣的國度，佛不語，無處不歡喜。虛空有盡，此願無窮，靈山不在遠方，在方寸咫尺之間。

「我們是同道中人！」——同行五人，慈藝媽祖四國遍路記

我的家鄉位於鹿野鄉龍田村，村內方正的街道，靜僻於街角的日式宿舍，國小內的百年黑松，都可見證曾為日本移民村的往昔風光。

聽父親說在崑慈堂附近有神社遺跡，一直遍尋不著，對於神社始終懷抱著好奇與探索的心態，直到家裡的工作室整修，翻箱倒櫃中，找到了幾張老照片，見證了祖先生活過的歷史，不只是歷史。

西元六二九年，玄奘大師有感佛經在各地流傳說法不一，決心西行求法，因而有由其口述、弟子記述之遊記《大唐西域記》流傳於後世。

在日本四國，一千兩百多年來，歷代僧侶巡遊空海大師的修行足跡，逐漸形成「四國遍路」的原型。

明末清初以降，唐山過臺灣，僧人與移民相繼渡海而來，恭請聖母隨身護佑，在

臺灣形成遶境、進香交誼的路徑。

前人在歷史脈絡中為我們找尋真理，已開拓了廣闊的道路。

動身旅行來自對世界的好奇心與說走就走的衝動。友人展展與皇圻在討論四國遍路時，也把這個旅行計畫告訴我，雖然日語一竅不通，我當即決定一起加入。

二〇一七年二月末，恰好趕上料峭春寒未融雪時節，我們三人未雨綢繆地準備著字卡，想在路上靠著這些日文字卡，外加書寫漢字、手機翻譯軟體或簡單的肢體語言，來進行這趟日本四國遍路巡禮。

第一次踏上日本國土，與移民村鹿野家鄉的感受十分不同，一路上隨機應變，倒也通行無阻。

「四國遍路」是追尋弘法大師空海的足跡，巡禮位於日本南方島嶼——四國，包含德島縣（發心的道場）、高知縣（修行的道場）、愛媛縣（菩提的道場）、香川縣（涅槃的道場）的八十八座佛寺，環繞一周大約一千二百公里，也代表了修行路上四種境界的轉換。這條朝聖道，在日本已有一千兩百年的歷史。

有了前往不丹的經驗，這回我同樣請媽祖一同前往日本旅行，揹著媽祖神像，與兩名友人走上日本真言宗修行方式之一的遍路之旅，我們預計一個月的時間，打算以徒步為主，但也可以搭便車或靠大眾運輸而行。

遍路道上常見「同行二人」的標語，意指空海大師會與遍路者同行，我常笑說，空海大師、媽祖及我與兩位夥伴，我們是同行五人。

媽祖神尊的重量約三公斤，為了留下細緻的照片，我多帶一台相機隨身拍攝，不知道我的體力能不能承受長時間負重徒步的勞累，我選擇可拖可揹的行李袋，行走山徑時揹著，若是體力不足，平路時可以拖行行李，殊不知山徑並沒有想像簡單，尤其是前往第十二番燒山寺的路上。遍路寺院若位在山上或較難到達之地，會被稱為「難所」，而以燒山寺為最。

這段路長約十二．九公里包含急上坡和下坡，途中有無數個階梯，沒任何補給點，我們預估約八小時腳程抵達，應該可以趕在納經所當日營業時間結束前完成納經。

前往「難所」這八小時還真難熬呀！路上除了我們，以及彷彿一直重複的樹林，幾乎沒有遇見同向而行的遍路者，原以為好不容易走到的淨蓮庵是即將到達的告示，但後面還有好長的路。稍事休息後便繼續趕路，路上看到許多勉勵標語，雖然無法完全理解日文的意思，不過以漢字拼拼湊湊，大概略懂其意，貼心的鼓勵實在是太可愛了。

這段路不僅要負擔將近十多公斤的行李，再加上各三公斤的相機及媽祖神尊，全身上下揹負的重量約十六公斤，有點讓肉雞小菜鳥的我，超出身體負荷。事後回想，身上的重量不僅磨練了體力，也造就了心志，不空過，是這段旅程帶給我最大的禮物。有了這段旅程的考驗，我想接下來會越來越順利的。

約莫下午四點五十分抵達燒山寺，我們以最快的速度參拜納經後，繼續徒步下山。天漸漸黑了，前些天預約的善根宿（低價或免費提供住宿給遍路者的設施）「すだち館」婆婆，她通過佐野先生（抵達日本的前兩天，住宿於佐野先生的民宿，多虧他照顧了我們一行，旅程有了好的開端）傳遞消息，詢問我們是否如約抵達？在路上是否平安？在一片漆黑中，看見遠方路燈時，心中的感動真是無以名狀。

因天色昏暗，不小心走過頭了一些，詢問路人確定路線無誤後，又走了一會兒終於到達。館內客廳貼滿來自各地遍路者的納札（參拜用品，相當於遍路者的名片）和各國貨幣，婆婆準備了豐盛的晚餐，並於餐後製作三角飯糰，讓我們隔天啟程時帶在路上享用。

旅程圓滿返回臺灣，幾年後便聽聞婆婆往生了的消息，善根宿停止營運了一陣子，待有人重新接手後才恢復營業。而那晚飯糰中醃漬入味的梅子及長時間徒步被味噌湯溫暖的滋味，現在都還記得。

滑板少年的香火袋

行走於田間的遍路道，有種置身臺灣鄉間的熟悉感，只是路旁文字換成日文，偶爾幾輛車靠左行駛經過身旁，才意識到身處日本。

大部分的時間屬於自我對話及靜默，周身一有動靜，常引得我前後張望，在一成不變的步程中，看看是否有結伴而行的機會，並在心中暗自較勁，避免在下一站納經時排在後頭（笑），當作是過程中一種自得的樂趣。

眼角餘光瞥見後方有兩人步履越來越近，近看才發現是騎滑板車前行的少年。我們曾在第十七番井戶寺短暫交會，行進的速度互有快慢，因語言不通沒有攀談，看著他們揹著簡單行囊輕快地騎著滑板車而去，不免心生羨慕。

我因拖著行囊行走較慢，有點落隊了。經過一溫室前，一位阿伯請我稍候，他要載我上山。我的行李被放上一輛白色載卡多車型的貨車後方，行經兩位同行夥伴身旁，我尷尬地以得了便宜似的表情與展展展四目相交，路上盡力跟阿伯溝通，希望可以載夥伴的行李一程。不過阿伯滔滔不絕跟我說話，彷彿一直沒有交集的時刻。

「感謝臺灣在日本三一一震災時的協助，這份善念一直銘記在心，不論如何一定要請妳喝杯咖啡。」這樣對話重複了數次，一路開到山門前的咖啡廳。原以為是因貨車後座不可以坐人，載我上山後再回頭幫助兩位夥伴，我試圖說明夥伴還在後頭這件事，不知是否可以搭載，不過他十分興奮地向老闆介紹我是從臺灣來的，並示意我就座欣賞絕美的日落景致，並閒聊了一會兒。

我四處張望仍不見夥伴身影，先提行李上山相等吧（等下肯定會被唸到臭頭）。臨別前我將徒步環臺時蒐集的媽祖宮印明信片及以金紙包覆的香火袋贈送給他，「這輩子，一定會好好珍惜！」他滿懷感激地說。

我與夥伴在路程中採取節省預算的住宿方式，滑板車二少年亦然，有一晚我們一同落腳於第二十七番神峰寺的通夜堂。通夜堂是寺院提供僧侶整夜進行誦經等佛事儀式的空間，通常不會太大。神峰寺的通夜堂下午四點半至五點開放登記住宿，若預計當晚住宿於通夜堂時，便會趕路提前抵達，避免客滿。

當晚只有我們及兩位少年同住，一共五個人，房間的榻榻米頂多只能容下四人橫躺，實屬窘迫。天色漸漸暗下來，氣溫驟降，環顧四周，我當即提出睡壁櫥的想法，推開櫥門拿出棉被後，屈肢睡恰好可以容身。哆啦A夢的上層我不敢挑戰，還是睡在底層妥當些。

滑板車少年拿出彷彿藏寶袋的行囊與我們分享，旅途中全副武裝的所有家當，包含罐頭、睡袋、快速爐等，各種生活用品一應俱全，對於他們一路從神奈川搭便車，搭配騎滑板車南下遍路，感到無比佩服。

入夜後接近零下的氣溫，讓人瑟瑟發抖，半夢半醒間熬到天明。翌日分別前，他們將我們初遇於第十七番井戶寺，與之結緣的媽祖香火袋從衣中取出，「我們一路都有戴在身上喔！」語畢再度放回衣中。

這款香火袋以臺灣紅花布為底，上面有著獨一無二的牡丹花一角，蓋印上我手繪的媽祖寶像，我稱此為國民外交的贈禮。這次分別後，因行進速度不同沒再相遇，不過在遍路道上聽聞他們已抵達前方某座寺院的消息時，仍是欣喜地遙送祝福。

遍路的小確幸

在臺灣，媽祖進香的途中，會有許許多多信眾提供吃食、如廁、住宿的方便，四國遍路亦有著這傳統，以各種方式幫助支援被視為是空海大師分身的遍路行者，稱為「御接待」。四國的初春正逢融雪，日夜溫差大，我們與灘健二先生相遇於第四十番觀自在寺，他與友人發心擺設的「御接待」攤位前，他們以甘酒接待遍路者。

從新聞中得知，因超薦過世的母親，開啟了他與遍路的結緣，至今已結願（完成八十八所佛寺參拜）一百多次。而為了讓行者使用相關設施更為方便，他曾推著輪椅參拜，勘察沿途的廁所、路線設施對身障者便利與否，輪椅上坐的不是老人，而是一個老婆婆布偶！他的用心與甘酒交融，讓人暖意在心頭，加上相遇的欣喜，這杯甘酒值得再喝一杯。

愛媛縣的砂糖橘此時正值產季是我們的最愛，讚岐烏龍麵、味噌湯也是歇腳後的第一首選，有什麼吃什麼是旅行的原則之一。

一路上的吃食，我們隨意但不馬虎，也驗證動畫《我們這一家》中，花媽於午後六點的超市特賣期間進行搶購，所言不虛。特賣期間會有許多優惠組合，吃素的我選擇百吃不厭的豆皮壽司、涼麵、香蕉，有時還會到藥妝店選購些營養品。

一位黑糖膚色的短髮女生，以澄澈雙眼的姿態，出現在我們身邊，看著她孤身一人，不免好奇，我們在第四十八番西林寺相見，又在第五十一番石手寺相遇。因相鄰而坐暫歇，開啟了對話契機，她是從韓國來的南明珠小姐。從口袋中拿出幾枚和菓子與我分享，原來剛剛消失了一下，是到寺外購買和菓子去了。邊走邊解鎖沿途甜點，也是遍路的小確幸之一。

跟我同樣，她也是一句日語都不會說，揹著行囊獨自來行走，問問她有什麼目的或期待呢？有沒有什麼體會？

「我沒有預設立場，或期望得到什麼，單純來走路。」我們用翻譯軟體溝通。不為任何目的的行走，彷彿能量更為強大呀！

我們的腳程相當，可能在前方的道後溫泉再次相遇，相約到時再相見，後來聽說她在路上受了傷，行程延誤因而沒再碰上。路程相當的行者，在遍路道上彼此加油，這裡有一個自成體系的小圈圈，走著、走著會有心之所想，平安的消息傳遞而來。

舉足之間是道場

一群日本大媽看我揹著媽祖神像，以好奇的眼光掃射，詢問我這是什麼？我向她們介紹這尊「台湾神様」，媽祖的臉龐在日落映照下紅通通的，她們以為我是揹著女兒節的玩偶來走遍路，沒想到是臺灣來的神明，此起彼落發出「卡哇伊」的驚呼，並詢問我是否可以幫媽祖拍照。

走出第四十一番龍光寺納經所，中西先生已站在媽祖神像旁等候我一會兒。

「這是妳的佛像嗎？」他五指併攏指向媽祖神像說道。我以蹩腳的方式回答，請著媽祖一起來日本的原由。

「媽祖，是觀世音菩薩的化身；日本的空海大師，肉身證三昧，也是為了等待彌勒菩薩成佛，當來下生。雖然身處不同的地區，對於宗教虔誠與詮釋，不分東北西南，無有地域之別。眾生無盡，菩薩化身無盡！」語畢，他緩緩從包中取出一張裱了框、感覺有些年分的釋迦牟尼佛畫像說道：「我的佛像也跟著我一同旅行喔，我們是同道中人！」他在紙上寫下「友達」二字，隨後我們交換納札，相互留言並簽下名字，那樣的感受貼心而溫暖。

行走在遍路道上，遇到最多的除了人情溫暖，更多的是沿路的地藏菩薩，祂們或站、或坐，手執錫杖、懷抱嬰孩等各種姿態現身，每每經過身旁，點頭與菩薩問好，菩薩頭頂的毛線帽及披巾，以各色毛線織成或各種花布車縫，是獨一無二的飾品與誠心上奉。我想起流傳於日本的寓言〈戴斗笠的地藏菩薩〉——老爺爺在嚴寒的天氣為地藏菩薩戴上斗笠遮蔽風雪，甚至連自己的頭巾也獻給菩薩，得到菩薩賜福的故事。一抹微笑，親民地在前往菩提的道路上，讓人在旅途中不致孤單，所獲得的並不是希冀於金銀財寶的妄想，而是行走於物外的富足與安心。

旅程末幾天下了濛濛細雨，進入第八十一番白峰寺時，一位大哥逕直走到我面前，給了我兩枚一百圓硬幣，並指了指販賣機中的咖啡（請我喝咖啡的意思），實在是有點不好意思。我曾在出發前考量因語言不通，是否多了層阻礙，殊不知是現實中自我心念的設限，放下言語的執著，更直觀的感受，始能體會〈覺林菩薩偈〉中所言「應觀法界性，一切唯心造」的境界。

人生短暫，如滄海一粟，面對無常與未知，沒人能倖免於外。旅途上，遇見了來自日本各地不同年齡層、職業的人，還有世界各地的人，美國的教師、韓國的學生，甚至信奉不同宗教的朝聖者……，趁著工作之餘，或是請假、退休、轉職，來找尋、思索人生的方向。出發前的目的也許各個不同，在這段旅程中，身穿白衣，念誦著同樣的經文，無分你我。每個人的步伐有快有慢，一段段交會、聚散，朝著同個方向前進，地球村同體共生的我們，分享著和菓子彼此鼓勵，甜滋滋的味道還在舌根回味。「行者常至，為者常成！」答案近在眼前。

搭便車抵達第七十二番曼陀羅寺後巧遇芳地智孝先生，得知我們從臺灣來，便提議一起誦經祈福。我們在山門前圍成圓圈，一同唸誦《般若心經》及〈光明真言〉，「oṃ amogha vairocana mahā-mudrā maṇi-padma jvāla pravarttaya hūṃ」（漢語音譯為：嗡 阿某喀 外婁札那 摩哈母德喇 嘛尼 叭德嘛 至瓦拉 頗喇瓦爾達亞 吽）喉腔共鳴，聲波震動著內心，祝福彼此一路平安順遂，純粹而有力量。

到夢想之地旅行，除了夢寐以求，親自來看看高山大河，也許冥冥之中的巧合與安排，讓我的旅行十分幸運地經歷了這些故事，情牽千里香路，舉足之間便是道場。

據傳去了一趟四國遍路，會隱隱有種還想再回去的念想迴盪心頭，雖然過了這麼些年，書寫記憶的同時，彷彿重回現場，音聲隱隱呼喚，我也得了一種名為「四國病」的相思，午夜夢迴遍路道。

感謝同行

吳皇圻、鄭宇展

後記

人生好累，起起落落；
海潮好累，漲漲退退。

成功的人生進行式告訴你，欲成功必達A、B、C、D以上要點，然後直接推演至結論、答案。如果這麼簡單就好了。

這個世代的年輕人要不是為了工作而念書，要不就是找不到人生的方向。靠體制不如靠自己。起初我利用空閒時聽了很多演講，不過無法滿足潛藏在我心裡、想突破時代氛圍的癮。

念了大學後，還是想發掘埋藏在心裡的創作種苗，因此走上藝術創作這條路，應該是讀中文系帶給我反思的能力。升學、考試是人生的一部分，寫人生的功課要自己尋找答案。

很多人把我定位成畫媽祖或是以宗教圖騰為主的畫家，其實不盡然。換個方式解讀吧！由於信仰媽祖，祂成為我畫作中最主要且大量的創作素材，以跟著媽祖旅行作為開端，開啟了我的藝術之路。我將自己定位成，不同於為宗教服務的畫家，我在畫作中力求融合在地情感。單純的藝術創作，缺少與土地的連結，徒步環島又所為何求？在徒步環島時，拖著疲憊的身軀，聽見風、看見雨，我突然領悟這一點：「沒有人，哪有神？」

從前的人為了生活，飄洋過海來臺灣，因科技進步，現在我們不必為了看天吃飯而煩惱，而是為了推廣文化而努力。路是人走出來的，神蹟也需由人彰顯開來。

媽祖是串通古今，牽起先民與今人的媒介。我所繪製的媽祖圖像及系列作品，累積十多年創作素材，走遍以媽祖（廟）為中心延伸出的生活足跡。跟著媽祖旅行，抑或媽祖與我一同旅行，無非是融合各地有感受、溫度的紀錄，以行動相互感動。

大學時，老師曾經教導：「人心惟危，道心惟微，惟精惟一，允執厥中。」這句話出自《尚書．大禹謨》。

對照今日的世衰道微，古聖先賢早在千年之前已預想到，將受用一生的立身處世之道，「不要忘記自己的初心」，落實在生命中。

看著歷史劇一幕幕地訴說著過往、搬弄風雲，古聖先賢的叮嚀講了五千年，仍是時局紛亂，天下大同這個出口還是遙遙無期。人生難哪！不偏不倚的中道、中庸之道，難哪！

每個人的心裡總有些缺口，說不出口的、無法達成的、固執與叛逆的，類型各不相同，因人而異。無法改變紛擾的時代，只好改變自己，藉由創作讓自己心裡的礁石昇華為動力，路要自己找尋。

我曾認為，人活到二十歲就差不多懂得一輩子該懂的道理，人生也就無憾了。不過人生哪是二十出頭時即可看盡滄桑，好好體會的呢？如同疏通水道，在找尋人生出口的過程中，走過風雨，不免顛簸，如人飲水，品嘗人間滋味，要用一輩子時間去體現。

「一門深入，就是成功。」爸爸說。

從書寫環島篇章時的二十五歲作序言，到各地駐村為篇章，已近不惑之年，回想起當初的情景，依然歷歷在目。累積了十多年的能量及經歷，一篇篇短文到付梓，恰可看出這幾年心路歷程的轉變。

「去過這麼多地方，有沒有最喜歡哪裡？」曾有人這麼問我。

每每想起各地的朋友，都好想念呀，累積了這麼多故事，一期一會活動謝幕，隨著季節變換而移動時，將美好的回憶留在心裡，轉身往下一站出發。

人從一生下來，無非學習分別與無常，不帶走世間雲彩。每每進入媽祖廟，喃喃地跟媽祖說著這些心念，時光飛逝數年過去，才發現已心無旁騖地在創作路上逐漸達成目標，堅定了心念，也懂得珍惜祈求好久才完成的事。雖然有很多意念，還無法用文字完整表達，不過至少做了，讓心意得以付諸實現。證明此路可通，不枉費這幾年，是媽祖教導我的進程。

進香很累，年年參與；

旅行很累，腳步沒有停歇。

每當踏出第一步時，心裡總冒出後悔的想法，人生苦短，為何不把握時間及時行樂，而是選擇辛苦的路呢？我的創作很難歸納為某某風格的藝術形式，可算是生活結合行動的藝術吧！這些觀點非關宗教，媽祖對我來說，已然超越宗教思維，而是存在於生活中的感受，信上帝也好，阿拉也罷，刻畫人生的故事，歷程點滴可穿石，必須以身試法演算。

從環島旅行起到進行創作，很久沒有夢見過媽祖了，而是見到祂的精神落實在人群與生活中，形形色色的菩薩無盡。

宗教信仰是過程，要重重體悟、輕輕放下。萬事已備，只欠東風，在等待東風的過程中，雖然漫長，晴雨變化點滴在心頭。

人生路，如密林，有許多出入口，無止盡的接連，前進的路上不免遲疑，不知道這條路是否能通到理想那端。

畢業後沒有再遇見教導我《禮記》的李老師。記得與老師最後一次見面在中文系系辦，是媽祖進香的時節，李老師與王老師看了車班說要一起去迓媽祖，「這是最在地的人情味呀！」李老師說。

抵達車站時，人海茫茫中遍尋不著老師們的身影，不過，我們已走在同條道路上，一步一步地傳承下去。

迺境，遶有形的路，改變的卻是無形的心境，放下了有形的神，才能真正體會人生。我反覆思考著爸爸說的「一門深入」，回過頭，原來從「媽祖門」走進「人生路」的過程十數年累積的距離已走這麼遠了，行過後反觀，心境卻如此淡然。當海潮退去，看著潮間帶的新生命群起，海潮又升又落。

海波無盡，君子不器，
行路無疆，與君共勉之。

臺灣媽祖祭典

（登錄為國定、地方民俗，及具有地方脈絡之活動。日期以農曆記。）

十二月十五／苗栗通霄．白沙屯媽祖進香筊筶

每年農曆十二月十五日為拱天宮筊筶次年進香日期，起駕、進火、回宮及相關時程的日子，進香日期約在農曆一月至四月舉行，為來回約四百公里的進香行程拉開序幕。

十二月廿四／臺南安南．鹿耳門天后宮送神儀典

正月初一／彰化鹿港．湄洲媽祖中殿視事

鹿港天后宮主祀湄洲開基二媽，據傳為施琅將軍恭請湄洲媽祖神像護軍渡海來臺，民眾懇請媽祖駐地，因神蹟顯赫，為中臺灣媽祖信仰重鎮。每年農曆正月初一，恭請湄洲媽祖坐鎮中殿（至端午節請回神龕內），祈求新的一年慈佑黎民，合境平安。

正月／臺中新社・九庄媽過爐

長年供奉於民宅的九庄媽，並無固定廟宇，與爐主同住屋簷下十分親民。每年由值年爐主輪流奉祀，藉由信仰凝聚在地庄民的向心力，促進村莊間交流，深受信眾愛戴。

正月初四／臺南安南・鹿耳門天后宮迎神儀典

正月初五／雲林西螺・番仔庄與八大社請頭、貳香儀式

番仔庄及八大社村落的居民會以徒步的方式，伴隨著武館獅陣等隊伍來到西螺請頭香、貳香，迎請媽祖及眾神回庄遶境賜福，延續著將近一百五十年歷史的傳統民俗。

正月十一／臺北・北投庄迎媽祖

春節過後，干豆（關渡）二媽正式展開一年一度的遶境、作客行程，正月十一日至北投庄，俗稱「北投大拜拜」。正月十八日至石牌庄，正月廿一日至磺溪庄，正月廿二日至嗄嘮別庄。

正月十五／

宜蘭五結・利澤簡走尪

苗栗・後龍攻炮城

臺中・大甲媽祖遶境進香筊筶

雲林・北港媽祖上元祈安遶境

雲林水林・蕃薯寮媽元宵祈安遶境

每年元宵，一連三個晚上都會舉行迎蕃薯寮媽祈安遶境的文化祭，民俗陣頭表演、擲平安大龜、射火馬、猜燈謎、放煙火等活動，熱鬧非凡，是雲林縣無形文化資產。

嘉義・新港媽祖元宵遶境

臺南安南・鹿耳門聖母廟迎春牛

臺東・元宵遶境

正月十六／**臺北北投・干豆二媽回娘家**

關渡，古稱干豆。據傳，干豆二媽神像最早是由唭哩岸居民於基隆河邊拾獲，供奉於慈生宮，因廟宇整修，媽祖聖示永駐關渡宮。每年農曆正月十六至十八日，迎請二媽回駕慈生宮，俗稱「二媽回娘家」作客。

正月十八／**臺南新化・大目降十八嬈遶境**

早期，新化區有「元宵暝，查某嬉；爬籬笆，弄豬寮」的俚語在民間流傳，因此恭請八保七廟的眾神出巡，趕走蜘蛛精，即「大目降十八嬈」遶境的由來。

正月廿四／新北八里・干豆媽祖龍形報恩

淡水河對岸的八里龍源里（又稱龍形）「恭迎關渡媽祖回鑾遶境」，源起於日本時代毀神，媽祖避難於此有關。

二月十五前後／南投竹山・社寮二媽回娘家

供奉於連興宮的社寮二媽，農曆二月十五前後，由社寮、中央、山崇、富州四里的居民，迎請軟身二媽「回娘家」，是當地重要的宗教活動，別有一番特色。

清明節前後／臺中・大甲媽祖遶境進香

為期九天八夜的遶境進香活動，由臺中大甲出發，途經彰化、雲林，抵達嘉義縣新港鄉，來回路程約三百多公里，沿途百萬人次迎接媽祖的到來，規模盛大，為世界三大宗教盛事之一。

三月初一至廿二／臺中・大屯十八庄迎媽祖／旱溪媽祖遶境十八庄

相傳清道光年間，稻作病蟲害嚴重，今臺中市大里、烏日、太平、霧峰等區十八庄庄民，恭迎各宮廟媽祖遶境賜福，於農曆三月一日起駕，廿二日返宮，遶境時程將近一個月。

三月／**臺中南屯・老二媽西屯省親遶境**（三年一次）

清嘉慶年間，西屯少女廖品娘登仙成神為萬和宮老二媽。每三年一次，老二媽自南屯返鄉省親時，族人尊稱「姑婆祖」流傳至今，成為臺灣媽祖傳奇的一段佳話。

彰化・同安寮十二庄請媽祖

清道光年間，因久旱不雨，地方官員召集各庄長老，提議設壇恭請鹿港媽祖、新宮媽祖蒞庄祈雨，旱象因此得以紓解，信仰流傳至今一百八十餘年，為彰化縣文化資產。

彰化・南瑤宮媽祖笨港進香

活動起源於清代，當時甚至成為全臺規模最大的進香活動。日期約於農曆二、三月舉行，由各媽會分組輪流辦理，是中部地區宗教盛事。

雲林西螺・社口二媽回娘家

每年媽祖誕辰前，西螺的社口二媽都會在數千名香客的簇擁之下，回朴子謁祖進香，是連結雲林與嘉義兩地情感的盛事。

三月十五至廿二／**嘉義東石．蚶仔寮媽祖遶境**

媽祖聖誕前，由鄰近的六個村莊十一角頭，輪流恭請開基大媽、二媽、三媽遶境賜福。

三月十八、十九／**雙北．正龍社七角頭媽祖過爐**

「正龍社天上聖母」屬於民間的輪祀組織，清末先民來臺時即成立，頗具歷史。因共有七個角頭在輪值，迎奉媽祖神尊於各角頭爐主家中，故稱「七角頭媽」，又稱西河林姓媽祖會。

三月十九、二十／**雲林．北港迎媽祖**

相傳本日是樹壁和尚於笨港（今北港鎮）登陸的日子，也是年度盛會「北港迎媽祖」的濫觴，每年以這兩天為媽祖慶壽遶境的序曲，也是北港最熱鬧的時候。北港媽祖遶境場面盛大，最大的特色是「真人藝閣」及「犁炮炸轎」，因具地方特色，被登錄為「國家重要民俗活動」。

三月廿二、廿三／**彰化鹿港．街尾紙媽祖進香、卜選爐主**

每年農曆的三月廿二日媽祖聖誕前一晚，鹿港街尾里的信眾護送流傳百年歷史的紙媽祖到鹿港天后宮進香，五間角頭廟出陣頭及轎子同行。聖誕日當天，舉行卜選爐主大會，競爭相當激烈。

三月廿三／**媽祖誕辰**

相傳媽祖於本日降生，全世界信奉媽祖的信徒，無不以歡喜虔誠之心祝禱，祈求保佑地方豐收、人民平安。

新北瑞芳．金瓜石迎媽祖

金瓜石迎媽祖是由日治時期的山神社大拜拜演變至今。神轎在蜿蜒小巷及高低差極大的階梯上步行前進，成為山城遶境的一大特色。

金門金湖．峰上天后宮祭蜂鄉俗

相傳峰上村位於「蜂穴」上，村民透過祭儀祈求保佑安居，搶到鴨蛋意味帶來好運，以紅粿餵食禽畜，可保佑六畜興旺，而凹圓則象徵著金錢、財運。

三月廿五／**臺北艋舺．晉水媽祖慶壽、祭先賢、卜選爐主**

由泉州晉江人士組成的晉水天上聖母會，為艋舺的地緣組織。每年農曆三月廿五日，於臺北天后宮舉行慶壽、祭先賢、卜選爐主等活動，已流傳百年以上歷史。

三月廿八／**彰化鹿港．籤郊媽祖過爐**

商業繁盛的鹿港，曾出現八個商業同業公會組織，稱為「鹿港八郊」。其中以日用雜貨（南北貨）貿易為主的郊商，一同供奉的媽祖，稱為「籤郊媽祖」。以每年三月廿八日為過爐慶典日期。

三月底至四月初一／**彰化．枋橋頭七十二庄鹿港進香**（十年一次，連續三年）

枋橋頭七十二庄，由八個大角頭各雕刻一尊媽祖，供奉於天門宮。每十年一次聯合進香，為區域性聯庄組織的大型宗教活動，活動日期訂在農曆三月底，並於四月初回程，因此有「刈兩個月香」的說法。

四月初一／**新北瑞芳．九份迎媽祖**

山城遶境的隊伍行進在崎嶇的山路、小巷，沿途欣賞礦山美景，穿越輕便車道的山洞，成為特殊的文化景觀。

四月初一至二十／**臺中．大肚下堡二十庄迎媽祖**

每年農曆四月初一開始，由船仔頭庄民到彰化南瑤宮、彰化天后宮、頂街萬興宮、下街永和宮迎請媽祖，以一庄接一庄的方式遶境，為期二十天，距今已有一百五十年歷史。

四月／

臺北．松山媽祖錫口十三街庄過爐遶境

松山媽祖過爐遶境，由錫口十三街庄信徒各自成立臨時籌備會輪流舉行，卜選出最高允筊者當選為爐主，迎接「爐主媽」至家中坐鎮，保佑風調雨順，年年平安。

雲林．六房媽祖過爐

六房媽祖供奉於爐主搭建的紅壇中，承襲百年來的輪值制度，形成地方特有的宗教文化，為雲林縣文化資產。

四月初八／**苗栗．頭份迎媽祖**

起源於元宵節花燈總決賽的地方盛事。永貞宮於媽祖誕辰前，迎請各地媽祖至頭份作客，農曆四月初八一同遶境祈福，是年度「媽祖迎神賽會」，曾列為客庄十二大節慶之一。

四月十五／**新北金山．金包里大媽遶庄**

二百多年前金山曾因大量蝗蟲入境，將正值生長期的農作物全部吃光，以致民不聊生。民眾迎請金面媽祖及眾神祇一同遶境出巡，祛除災運後，類似情事就不曾發生，因此年年舉辦遶境保境安寧。

四月十六／新北金山・金包里二媽野柳作客

相傳清嘉慶年間，野柳海岸一帶有虹光指引迷航船隻返航，漁民順著光線於海蝕洞中發現媽祖神尊，後迎至金包里與大媽共同奉祀，敬稱二媽。

每年農曆四月十六日逢大退潮，平時幾乎被海水淹沒的海蝕洞（今尊稱為媽祖洞）會全部露出水面，恭請金面二媽返回野柳海蝕洞，並舉行簡單隆重的祭拜儀式，俗稱「野柳作客」，以示飲水思源。

四月廿六／臺北士林・植蘭亭迎媽祖遶境

環繞在芝山岩周邊的芝山、岩山、名山、聖山、東山五個里，共同供奉的「植蘭亭媽祖」，因其發跡在下東勢庄，在地人稱「東勢媽」。近年來依循舊制於四月廿六日舉辦遶境活動。

五月初五／苗栗竹南・中港媽祖洗港祭江

相傳自清康熙末葉起，端午時節在中港溪口設案拜祭江海冤魂，為「洗港」之濫觴。「洗港」活動應非源自某一特定事件，而是先民開發中港地區的艱辛與後代感恩的總紀錄。最初只在出海口設案祭拜，隨著中港地區的發展、墾民增加，儀式範圍與規模逐漸擴大，具有安定民心、悲天憫人之情懷。

八月／**北臺灣媽祖文化節**

清光緒年間，巡撫劉銘傳於臺北城內敵建大天后宮。西元二〇〇四年，臺北建城一百二十週年，各界人士恭迎金面媽祖回鑾原廟址（今臺灣博物館後方），沿續至今。

八月十五前後／**連江南竿・鐵板燒塔節**

「燒塔」源自閩東一帶，藉由儀式表達除舊布新、愛物惜物的精神。活動於馬祖南竿鄉的金板境（鐵板）天后宮前舉辦，廟內供奉的少女媽祖像極具特色。

九月初九／**媽祖得道飛昇日**

相傳媽祖今日於湄峰之巔羽化飛昇，得道成神。

九月廿二／**臺北大稻埕・茶郊媽祖過爐**

茶郊「永和興」於一八八九年成立以來，即奉祀茶商守護神「茶郊媽祖」，以茶神陸羽誕辰日（農曆九月廿二）為卜選爐主及過爐祭典日期。

八、九月／**臺中梧棲．大庄浩天宮北港進香回鑾遶境**（依筊筶時間為主）

媽祖隨著拓墾者的腳步來到沙轆大庄地區，在大肚中堡一帶形成信仰中心，定期徒步前往北港進香回鑾遶境活動，名列臺中市文化資產。

十月起／**謝平安**

臺灣各地庄頭，感謝平安豐收，並祈求來年順遂，迎請媽祖作客、遶境賜福。

冬至前／**彰化伸港．新港十八庄送大爐**

將近百年歷史的聖大爐過爐儀式（又稱交爐、接爐），於每年冬至前舉行，透過信仰連結伸港十八庄在地情感，為彰化縣文化資產。

朱朱追尋媽祖的行旅紀錄

二〇〇七年，新莊慈祐宮參拜媽祖，與媽祖訴說心事，得到溫暖回應。
二〇〇八（戊子）年，第一次參與大甲媽祖遶境進香。
二〇〇九（己丑）年，第一次參與白沙屯媽祖北港進香、迎接媽祖回鑾。
二〇一〇年十月一日至十一月十五日，徒步環島旅行，旅行後開始手繪媽祖。
二〇一一年十月一日，參與新港奉天宮「百年心香路」環島。
二〇一三年十月起，供奉慈藝媽祖（中港媽祖分靈）至今。

個展

二〇一三年五月起舉辦「跟著媽祖去環島：圖文創作攝影展」環島特展
二〇一三年五月二日至十八日　臺北市／紀州庵文學森林（首展）

二〇一三年六月一日至八月三十日　新北市瑞芳區／新北市立黃金博物館（駐村並展）、Kb工作室

二〇一三年八月廿八日至九月廿七日　新北市板橋區／MELLOW coffee&tea

二〇一三年九月至二〇一四年二月廿八日　彰化縣鹿港鎮／桂花巷藝術村（駐村並展）

二〇一三年十月二日至廿五日　苗栗市／老家生活藝文空間

二〇一四年四月十日至二十日　臺北市／錫口風華節　新光三越信義新天地A8館地下一樓

二〇一四年五月七日至六月一日　臺南市／夢仔哺 Dream Corner

二〇一四年六月十五日至七月十五日　臺北市／EZstudio 簡單創意

二〇一四年九月二十日至十一月一日　臺中市／微光百合人文旅居

二〇一五年一月十日至四月八日　「化身有情：朱朱手繪媽祖系列作品展」　臺南市下營區／茅港尾天后宮

二〇一五年十一月八日至十二月六日　新竹市／Sofa Story- Travel & Food, 旅行生活空間

二〇一七年六月九日至八月六日　「大悲心：朱朱手繪媽祖暨行旅影像文物展」　彰化

市／古月民俗館

二〇一八年一月十日至四月三十日「大悲心：朱朱手繪媽祖巡迴北港展」雲林縣北港鎮／振興戲院

二〇一八年一月二十日至四月三十日「雲腳萬里：朱朱與媽祖的行旅記事」雲林縣／北港工藝坊、北港遊客中心、北港傳薪學院聯合展出

二〇一八年三月十六日至五月三十一日「大悲心：朱朱手繪媽祖巡迴斗六展」雲林縣斗六市／斗六市公所

二〇一八年四月十三日至三十日「百變容顏：媽祖手繪畫像面面觀」彰化縣埤頭鄉／明道大學圖書館

二〇一九年九月四日至廿九日「作度人舟：朱朱手繪媽祖巡迴臺東」臺東縣臺東市／誠品書店

二〇一九年十一月十五日至十二月一日「作度人舟：恭迎媽祖花蓮巡安作客特展」花蓮縣花蓮市／白水商號、時光二手書店聯合展出

二〇二一年二月六日至三月十四日「福繪臺疆：手繪媽祖出巡鹿港展」彰化縣鹿港鎮／鹿港茉莉人文環境教育中心

二〇二一年三月廿六日至五月三十日「福繪臺疆：手繪媽祖出巡新竹展」新竹市／或者文史書房、新村小商號、玫瑰色二手書店、江山藝改所四地聯展

二〇二二年四月八日至六月五日「福繪臺澎：手繪媽祖出巡澎湖展」澎湖縣馬公市／植隱冊室

二〇二四年二月九日至五月五日「如神在：朱朱手繪媽祖巡迴馬祖」連江縣南竿鄉／南萌咖啡館

聯展

二〇一三年十月廿五日至二〇一四年三月二日「金瓜哪裡去：黃金博物館駐村藝術家聯展」新北市瑞芳區／新北市立黃金博物館

二〇一四年十一月廿五日至三十日　兒童大藝術家節聯展　臺北市／華山一九一四文化創意產業園區

二〇一四年十二月五日至二〇一五年六月廿一日「翻轉山城老故事創意聯展」新北市瑞芳區／新北市立黃金博物館

二〇一五年二月十九日至廿四日「海岸媽祖　尋根：影像展」新北市金山區／金包

里慈護宮
二〇一六年二月九日至十一日「記、藝」福天宮文物展覽暨藝術創作系列活動　雲林縣西螺鎮／社口福天宮
二〇一六年二月廿六日至九月廿五日「黃金歲月：駐館樂活創意家成果暨黃金博物館典藏品聯展」　新北市瑞芳區／新北市立黃金博物館
二〇一七年一月廿七日至二月十二日「微笑天妃：媽祖插畫創作展」　臺南市六甲區／恆安宮
二〇一七年一月廿八日「足跡」攝影聯展　雲林縣西螺鎮／社口福天宮
二〇一七年九月廿三日至十月八日　北臺灣媽祖文化節「慈心誠佑八芝蘭：媽祖信仰特展」　臺北市／士林公民會館
二〇二一年一月一日至二十日「繪澤東海：朱朱手繪媽祖暨天聖宮立體媽祖鑽石畫聯展」　臺東縣臺東市／民權里日式建築文化園區

駐村

二〇一二年九月　新北市瑞芳區／新北市立黃金博物館並與駐村藝術家聯展

二〇一三年六月一日至八月三十日　新北市瑞芳區／新北市立黃金博物館
二〇一三年九月至二〇一四年二月廿八日　彰化縣鹿港鎮／桂花巷藝術村
二〇一四年九月至二〇一五年八月　新北市瑞芳區／新北市立黃金博物館
二〇一七年一月三十一日至二月十八日　澎湖縣潭邊村／離島出走工作室
二〇二一年八月三十日至十月二日　嘉義市／洪雅書房
二〇二三年三月十一日至九月八日　澎湖縣紅羅村／離島出走工作室

獲獎

二〇一五年六月　「為彰化媽留下歷史文化見證紀實」攝影比賽：佳作（題名：宮誼永固）
二〇一五年六月　「為彰化媽留下歷史文化見證紀實」攝影比賽：佳作（題名：晉殿）
二〇一五年八月　第一屆「白沙屯媽祖進香之美」攝影比賽：冠軍（題名：衝勁）
二〇一六年六月　第二屆「白沙屯媽祖進香之美」攝影比賽：優選（題名：巡庄）
二〇一六年六月　第二屆「白沙屯媽祖進香之美」攝影比賽：佳作（題名：敬酒）

出版

二〇一四年六月《迺境：朱朱的徒步環島記事》

二〇一九年四月《作度人舟：朱朱手繪媽祖圖集》

《臺灣媽祖曆》

二〇二〇年　創作十年作品精選

二〇二一年　深耕致福／河港、海港與聚落

二〇二二年　比鄰而祀／同受庇佑的所在

二〇二三年　郊行媽祖／商業繁盛的守護

二〇二四年　二媽千秋／香火萬年的庇佑

延伸連結

雞籠卡米諾

南萌咖啡館

朱朱藝術創作工作室（臉書粉專）

四國遍路同好會

離島出走工作室

朱朱藝術創作工作室（IG）

澎湖普度資訊系統

天后領軍。藝術遶境

澎湖盟軍桌

鹿港茉莉人文環境教育中心

LOCUS

LOCUS

LOCUS

LOCUS